HISTOIRE
DE MA VIE

L'auteur et l'éditeur de cet ouvrage se réservent le droit de le traduire ou de le faire traduire en toutes les langues. Ils poursuivront, en vertu des lois, décrets et traités internationaux, toutes contrefaçons ou toutes traductions faites au mépris de leurs droits.

PARIS. — TYPOGRAPHIE DE HENRI PLON
8, rue Garancière.

HISTOIRE
DE MA VIE

PAR

GEORGE SAND

.Charité envers les autres;
Dignité envers soi-même;
Sincérité devant Dieu.

Telle est l'épigraphe du livre que j'entreprends.
15 *avril* 1847.

GEORGE SAND.

TOME SIXIÈME

L'auteur et l'éditeur se réservent le droit de traduction en toutes langues

PARIS

MICHEL LÉVY FRÈRES, LIBRAIRES-ÉDITEURS

RUE VIVIENNE, 2 *bis*

1856

HISTOIRE DE MA VIE

TROISIÈME PARTIE

(*Suite.*)

CHAPITRE HUITIÈME

Enseignement de l'histoire. — Je l'étudie comme un roman. — Je désapprends la musique avec un maître. — Premiers essais littéraires. — L'art et le sentiment. — Ma mère se moque de moi, et je renonce aux *lettres*. — Mon grand roman inédit. — *Corambé*. — Marie et Solange. — *Plaisir* le porcher. — Le fossé couvert. — Démogorgon. — Le temple mystérieux.

Je ne peux pas toujours suivre ma vie comme un récit qui s'enchaîne, car il y a beaucoup d'incertitudes dans ma mémoire sur l'ordre des petits événements que je me retrace. Je sais que j'ai passé à Nohant avec ma grand'mère, sans aller à Paris, les années 1814, 15, 16 et 17. Je résumerai donc en masse mon développement moral pendant ces quatre années.

Les seules études qui me plurent réellement furent l'histoire, la géographie, qui n'en est que l'appendice nécessaire, la musique et la littérature. Je pourrais encore réduire ces aptitudes, en disant que je n'aimais et n'aimai réellement jamais que la littérature et la musique, car ce qui me passionnait dans l'histoire, ce n'était pas cette philosophie que la théorie toute moderne du progrès nous a enseigné à déduire de l'enchaînement des faits. On n'avait point alors popularisé cette notion claire et précise qui est véritablement, sinon la grande découverte, du moins la grande certitude philosophique des temps nouveaux, et dont Pierre Leroux, Jean Reynaud et leur école de 1830 à 1840 ont posé la meilleure exposition et les meilleures déductions dans les travaux de l'*Encyclopédie nouvelle*.

A l'époque où l'on m'enseigna l'histoire, on n'avait généralement aucune idée d'ordre et d'ensemble dans l'appréciation des faits. Aujourd'hui l'étude de l'histoire peut être la théorie du progrès ; elle peut tracer une ligne grandiose à laquelle viennent se rattacher toutes les lignes jusqu'alors éparses et brisées. Elle nous fait assister à l'enfance de l'humanité, à son développement, à ses essais, à ses efforts, à ses conquêtes successives, et ses déviations mêmes, aboutissant fatalement à un retour qui la replace sur la route de l'avenir, ne font que confirmer la loi qui la pousse et l'entraîne.

Dans la théorie du progrès, Dieu est un, comme l'humanité est une. Il n'y a qu'une religion, qu'une vérité antérieure à l'homme, coéternelle à Dieu, et dont les différentes manifestations dans l'homme et par l'homme sont la vérité relative et progressive des diverses phases de l'histoire. Rien de plus simple, rien de plus grand, rien de plus logique. Avec cette notion, avec ce fil conducteur dans une main : *L'humanité éternellement progressive ;* avec ce flambeau dans l'autre main : *Dieu éternellement révélateur et révélable,* il n'est plus possible de flotter et de s'égarer dans l'étude de l'histoire des hommes, puisque c'est l'histoire de Dieu même dans ses rapports avec nous.

De mon temps on procédait simultanément par plusieurs histoires séparées, qui n'avaient aucun rapport entre elles. Par exemple, l'histoire sacrée et l'histoire profane étant contemporaines l'une de l'autre, il fallait les étudier en regard l'une de l'autre, sans admettre qu'elles eussent aucun lien. Quelle était la vraie, quelle était la fabuleuse ? Toutes deux étaient chargées de miracles et de fables également inadmissibles pour la raison ; mais pourquoi le Dieu des juifs était-il le seul vrai Dieu ? On ne vous le disait point, et, pour moi particulièrement, j'étais libre de rejeter le Dieu de Moïse et de Jésus, tout aussi bien que ceux d'Homère et de Virgile. « Lisez, me disait-on, prenez des notes, faites des extraits, retenez bien tout cela. Ce sont des choses qu'il faut savoir et qu'il n'est pas permis d'ignorer [1]. »

Savoir pour savoir, voilà véritablement toute la moralité de l'éducation qui m'était donnée. Il n'était pas question de s'instruire pour se rendre meilleur, plus heureux ou plus sage. On apprenait pour devenir capable de causer avec les personnes instruites, pour être à même de lire les livres qu'on avait dans son armoire, et de tuer le temps à la campagne ou ailleurs. Et comme les caractères de mon espèce ne comprennent pas beaucoup qu'il soit utile de donner la réplique aux causeurs instruits, au lieu de les

[1] Je ne doute pas que ma grand'mère ne m'eût déduit de meilleures raisons si elle eût été encore dans toute la force de ses facultés morales et intellectuelles. Elle avait certainement dû s'occuper plus efficacement de former l'âme de mon père. Mais j'ai beau chercher dans mes souvenirs la trace d'un enseignement vraiment philosophique de sa part, je ne la trouve pas. Je crois pouvoir affirmer que, pendant une phase de sa vie, antérieure à la révolution, elle avait préféré Rousseau à Voltaire ; mais que plus elle a vieilli, plus elle est devenue voltairienne. L'esprit de bigoterie de la restauration dut nécessairement porter cette réaction à l'extrême dans les cerveaux philosophiques qui dataient du siècle précédent. Or, l'on sait combien est pauvre de fonds et vide de moralité la philosophie de l'histoire chez Voltaire.

écouter en silence ou de ne pas les écouter du tout ; comme en général les enfants ne s'inquiètent pas de l'ennui, puisqu'ils s'amusent volontiers de tout autre chose que l'étude, il fallait leur donner un autre motif, un autre stimulant. On leur parlait alors du plaisir de satisfaire leurs parents, et on faisait appel au sentiment de l'obéissance, à la conscience du devoir. C'était encore ce qu'il y avait de meilleur à invoquer, et cela réussissait assez avec moi, qui étais, par nature, indépendante dans mes idées, soumise dans les actes extérieurs.

Je n'ai jamais connu la révolte de fait avec les êtres que j'aimais et dont j'ai dû accepter la domination naturelle, car il y en a une, ne fût-ce que celle de l'âge, sans compter celle du sang. Je n'ai jamais compris qu'on ne cédât pas aux personnes avec lesquelles on ne veut ni ne peut rompre, quand même on est persuadé qu'elles se trompent, ni qu'on hésitât entre le sacrifice de soi-même et leur satisfaction. Voilà pourquoi ma grand'mère, ma mère et les religieuses de mon couvent m'ont toujours trouvée d'une douceur inexplicable au milieu d'un insurmontable entêtement. Je me sers du mot *douceur*, parce que j'ai été frappée de les voir se rencontrer dans cette expression dont elles se servaient pour peindre mon caractère d'enfant. L'expression n'était peut-être pas juste. Je n'étais pas douce, puisque je ne cédais pas intérieurement. Mais, pour ne pas céder en fait, il eût fallu haïr, et, tout au contraire, j'aimais. Cela prouve donc uniquement que mon affection m'était plus précieuse que mon raisonnement, et que j'obéissais plus volontiers, dans mes actions, à mon cœur qu'à ma tête.

Ce fut donc par pure affection pour ma grand'-mère que j'étudiai de mon mieux les choses qui m'ennuyaient, que j'appris par cœur des milliers de vers dont je ne comprenais pas les beautés ; le latin, qui me paraissait insipide ; la versification, qui était comme une camisole de force imposée à ma poétique naturelle ; l'arithmétique, qui était si opposée à mon organisation que, pour faire une addition, j'avais littéralement des vertiges et des défaillances. Pour lui faire plaisir aussi, je m'enfonçai dans l'histoire ; mais là, ma soumission reçut enfin sa récompense, l'histoire m'amusa prodigieusement.

Pourtant, par la raison que j'ai dite, par l'absence de théorie morale dans cette étude, elle ne satisfaisait pas l'appétit de logique qui commençait à s'éveiller en moi ; mais elle prit à mes yeux un attrait différent : je la goûtai sous son aspect purement littéraire et romanesque. Les grands caractères, les belles actions, les étranges aventures, les détails poétiques, le détail, en un mot, me passionna, et je trouvai à raconter tout cela, à y donner une forme dans mes extraits, un plaisir indicible.

Peu à peu je m'aperçus que j'étais peu surveillée, que ma grand'mère, trouvant mon extrait bien écrit pour mon âge, et intéressant, ne consultait plus le livre pour voir si ma version était bien fidèle, et cela me servit plus qu'on ne peut croire. Je cessai de porter à la leçon les livres qui avaient servi à mon résumé, et comme on ne me les demanda plus, je me lançai avec plus de hardiesse dans mes appréciations personnelles. Je fus plus philosophe que mes historiens profanes, plus enthousiaste que mes historiens sacrés. Me laissant aller à mon émotion et ne m'inquiétant pas d'être d'accord avec le jugement de mes auteurs, je donnai à mes récits la couleur de ma pensée, et même je me souviens que je ne me gênais pas pour orner un peu la sécheresse de certains fonds. Je n'altérais point les faits essentiels, mais, quand un personnage insignifiant ou inexpliqué me tombait sous la main, obéissant à un besoin invincible d'*art*, je lui donnais un caractère quelconque que je déduisais assez logiquement de son rôle ou de la nature de son action dans le drame général. Incapable de me soumettre aveuglément au jugement de l'auteur, si je ne réhabilitais pas toujours ce qu'il condamnait, j'essayais du moins de l'expliquer et de l'excuser, et si je le trouvais trop froid pour les objets de mon enthousiasme, je me livrais à ma propre flamme, et je la répandais sur mon cahier dans des termes qui faisaient rire souvent ma grand'mère par leur naïveté d'exagération.

Enfin quand je trouvais l'occasion de fourrer une petite description au milieu de mon récit, je ne m'en faisais pas faute. Pour cela une courte phrase du texte, une sèche indication me suffisaient. Mon imagination s'en emparait et brodait là-dessus ; je faisais intervenir le soleil ou l'orage, les fleurs, les ruines, les monuments, les chœurs, les sons de la flûte sacrée ou de la lyre d'Ionie, l'éclat des armes, le hennissement des coursiers, que sais-je ? J'étais classique en diable, mais si je n'avais pas l'art de me trouver une forme nouvelle, j'avais le plaisir de sentir vivement, et de voir par les yeux de l'imagination tout ce passé qui se ranimait devant moi.

Il est vrai aussi que, n'étant pas tous les jours dans cette disposition poétique et pouvant impunément en prendre à mon aise, il m'arriva parfois de copier presque textuellement les pages du livre dont j'étais chargée de rendre le sens. Mais c'étaient mes jours de langueur et de distraction. Je m'en dédommageais avec plaisir quand je sentais la verve se rallumer.

Je faisais un peu de même pour la musique. J'étudiais pour l'acquit de ma conscience les sèches études que je devais jouer à ma grand'mère ; mais quand j'étais sûre de m'en tirer passablement, je les arrangeais à ma guise, ajoutant des phrases, changeant les formes, improvisant au hasard, chantant, jouant et composant musique et paroles, quand j'étais bien sûre de ne pas être entendue. Dieu sait à quelles stupides aberrations musicales je m'abandonnais ainsi! J'y prenais un plaisir extrême.

La musique qu'on m'enseignait commençait à m'ennuyer. Ce n'était plus la direction de ma grand'mère. Elle s'était imaginé qu'elle ne pourrait pas m'enseigner elle-même la musique, ou bien sa santé ne lui permettait plus d'en garder l'initiative; elle ne me démontrait plus rien, et se bornait à me faire jouer en mesure la plate musique que m'apportait mon maître.

Ce maître était l'organiste de la Châtre. Il savait la musique, certainement, mais il ne la sentait nullement, et il mettait peu de conscience à me la montrer. Il s'appelait M. Gayard, et il avait la figure et la tournure ridicules. Il portait toujours la queue ficelée, les ailes de pigeon et les grands habits carrés de l'ancien régime, quoiqu'il n'eût guère qu'une cinquantaine d'années. Sous la restauration, on a vu pendant quelque temps des particuliers reprendre ces vieux usages de coiffure et d'habillement pour témoigner de leur attachement aux *bons principes*. D'autres ne les avaient jamais quittés, et c'était sans doute par habitude de gravité que M. Gayard conservait la poudre et les culottes courtes.

Il était pourtant médiocrement grave quand il n'était plus sous les yeux du curé, à la Châtre, et de ma grand'mère, à Nohant. Il arrivait le dimanche à midi, se faisait servir un copieux déjeuner, remontait l'accord du piano et du clavecin, me donnait une leçon de deux heures, puis allait batifoler avec les servantes jusqu'au dîner. Là il mangeait comme quatre, parlait peu, me faisait jouer ensuite devant ma grand'mère un morceau qu'il m'avait seriné plutôt qu'expliqué, et s'en allait les poches pleines de friandises qu'il se faisait donner par les femmes de chambre.

Je faisais des progrès apparents avec ce professeur, et, en réalité, je n'apprenais rien du tout, et je perdais le respect et l'amour de la musique. Il m'apportait de la musique facile, bête, soi-disant brillante. Heureusement il se glissait quelquefois à son insu de petits diamants dans ce fatras, des sonatines de Steibelt, des pages de Gluck, de Mozart, et de jolies études de Pleyel et de Clementi. La preuve que j'avais un bon sentiment musical, c'est que je discernais fort bien de moi-même ce qui valait la peine d'être étudié, et j'y portais un certain sentiment naïf qui plaisait à ma grand'mère, mais dont M. Gayard ne me tenait aucun compte. Il frappait fort et jouait carrément, sans nuances, sans couleur et sans cœur. C'était exact, correct, bruyant, sans charme et sans élévation. Je le sentais, et je haïssais sa manière. Avec cela il avait de grosses pattes laides, velues, grasses et sales qui me répugnaient, et une odeur de poudre mêlée à une odeur de crasse qui me faisait paraître ma leçon insupportable. Ma grand'mère devait bien savoir que c'était là un maître sans valeur et sans âme; mais elle pensait que j'avais besoin de me délier les doigts, et comme les siens étaient de plus en plus paralysés, elle me donnait M. Gayard comme une mécanique. En effet, M. Gayard m'apprenait à remuer les doigts, et il me donnait à lire beaucoup de musique, mais il ne m'enseignait rien. Jamais il ne me demanda de me rendre compte à moi-même du ton dans lequel était écrit le morceau qu'il me faisait jouer, ni du mouvement, encore moins du sentiment et de la pensée musicale. Il me fallait deviner tout cela, car j'avais oublié toutes les règles que ma grand'mère m'avait enseignées si clairement et qu'il eût été bon de repasser sans cesse en les appliquant. Je les appliquais d'instinct et ne les savais plus. Quand je faisais quelque faute, M. Gayard me débitait des calembours et des coq-à-l'âne en forme de critique. *C'est ainsi que je travaillais,* disait-il, *la dernière fois qu'on me mit à la porte;* ou bien il avait des sentences en latin de collége,

Aspice Pierrot pendu,
Quod fa dièse n'a pas rendu.

Et toute la leçon se passait ainsi, à moins qu'il ne

préférât dormir auprès du poêle, ou se promener dans la chambre en mangeant des pruneaux ou des noisettes, car il mangeait toujours et ne se souciait guère d'autre chose.

On ne me parlait plus de chant, et pourtant c'était là mon instinct et ma vocation. Je trouvais un soulagement extrême à improviser en prose ou en vers blancs des récitatifs ou des fragments de mélodie lyrique, et il me semblait que le chant eût été ma véritable manière d'exprimer mes sentiments et mes émotions. Quand j'étais seule au jardin, je chantais toutes mes actions pour ainsi dire. « *Roule, roule, ma brouette; poussez, poussez, petits gazons que j'arrose; papillons jolis, venez sur mes fleurs,* » etc.; et quand j'avais du chagrin, quand je pensais à ma petite mère absente, c'étaient des complaintes en mineur qui ne finissaient pas et qui endormaient peu à peu ma mélancolie ou qui provoquaient des larmes dont j'étais soulagée :

Ma mère, m'entends-tu? je pleure et je soupire, etc.

Vers l'âge de douze ans je m'essayai à écrire; mais cela ne dura qu'un instant; je fis plusieurs *descriptions*, une de la vallée Noire, vue d'un certain endroit où j'allais souvent me promener, et l'autre d'une nuit d'été avec clair de lune. C'est tout ce que je me rappelle, et ma grand'mère eut la bonté de déclarer à qui voulait la croire que c'était des chefs-d'œuvre. D'après les phrases qui me sont restées dans la mémoire [1], ces chefs-d'œuvre-là étaient bons à mettre au cabinet. Mais ce que je me rappelle avec plus de plaisir, c'est que, malgré les imprudents éloges de ma bonne maman, je ne fus nullement enivrée de mon petit succès. J'avais dès lors un sentiment que j'ai toujours conservé; c'est qu'aucun art ne peut rendre le charme et la fraîcheur de l'impression produite par les beautés de la nature, de même que rien dans l'expression ne peut atteindre à la force et à la spontanéité de nos émotions intimes. Il y a dans l'âme quelque chose de plus que dans la forme. L'enthousiasme, la rêverie, la passion, la douleur n'ont pas d'expression suffisante dans le domaine de l'art, quel que soit l'art, quel que soit l'artiste. J'en demande pardon aux maîtres : je les vénère et les chéris, mais ils ne m'ont jamais rendu ce que la nature m'a donné, ce que moi-même j'ai senti mille fois l'impossibilité de rendre aux autres. L'art me semble une aspiration éternellement impuissante et incomplète, de même que toutes les manifestations humaines. Nous avons, pour notre malheur, le sentiment de l'infini, et toutes nos expressions ont une limite rapidement atteinte; ce sentiment même est vague en nous, et les satisfactions qu'il nous donne sont une espèce de tourment.

[1] Il y avait entre autres métaphores une lune qui *labourait les nuages, assise dans sa nacelle d'argent.*

L'art moderne l'a bien senti, ce tourment de l'impuissance, et il a cherché à étendre ses moyens en littérature, en musique, en peinture. L'art a cru trouver dans les formes nouvelles du romantisme une nouvelle puissance d'expansion. L'art a pu y gagner, mais l'âme humaine n'élève ses facultés que relativement, et la soif de la perfection, le besoin de l'infini restent les mêmes, éternellement avides, éternellement inassouvis. C'est pour moi une preuve irréfutable de l'existence de Dieu. Nous avons le désir inextinguible du beau idéal : donc le désir a un but. Ce but n'existe nulle part à notre portée, ce but est l'infini, ce but est Dieu.

L'art est donc un effort plus ou moins heureux pour manifester des émotions qui ne peuvent jamais l'être complétement, et qui, par elles-mêmes, dépassent toute expression. Le romantisme, en augmentant les moyens, n'a pas reculé la limite des facultés humaines. Une grêle d'épithètes, un déluge de notes, un incendie de couleurs, ne témoignent et n'expriment rien de plus qu'une forme élémentaire et naïve. J'ai beau faire, j'ai le malheur de ne rien trouver dans les mots et dans les sons de ce qu'il y a dans un rayon du soleil ou dans un murmure de la brise.

Et pourtant l'art a des manifestations sublimes, et je ne saurais vivre sans les consulter sans cesse; mais plus ces manifestations sont grandes, plus elles excitent en moi la soif d'un *mieux* et d'un *plus* que personne ne peut me donner, et que je ne puis pas donner moi-même, parce qu'il faudrait pour exprimer ce plus et ce mieux un chiffre qui n'existe pas pour nous et que l'homme ne trouvera probablement jamais.

J'en reviens à dire plus clairement et plus positivement que rien de ce que j'ai écrit dans ma vie ne m'a jamais satisfaite, pas plus mes premiers essais à l'âge de douze ans, que les travaux littéraires de ma vieillesse, et qu'il n'y a à cela aucune modestie de ma part. Toutes les fois que j'ai vu et senti quelque sujet d'art, j'ai espéré, j'ai cru naïvement que j'allais le rendre comme il m'était venu. Je m'y suis jetée avec ardeur; j'ai rempli ma tâche parfois avec un vif plaisir, et parfois, en écrivant la dernière page, je me suis dit : « Oh! cette fois, c'est bien réussi! » Mais, hélas! je n'ai jamais pu relire l'épreuve sans me dire : « Ce n'est pas du tout cela, je l'avais rêvé et senti et conçu tout autrement; c'est froid, c'est *à côté,* c'est trop dit et ce ne l'est pas assez. » Et si l'ouvrage n'avait pas toujours été la propriété d'un éditeur, je l'aurais mis dans un coin avec le projet de le refaire, et je l'y aurais oublié pour en essayer un autre.

Je sentis donc, dès la première tentative littéraire de ma vie, que j'étais au-dessous de mon sujet, et que mes mots et mes phrases le gâtaient pour moi-

même. On envoya à ma mère une de mes *descriptions* pour lui faire voir comme je devenais habile et savante; elle me répondit : « *Tes belles phrases m'ont bien fait rire, j'espère que tu ne vas pas te mettre à parler comme ça.* » Je ne fus nullement mortifiée de l'accueil fait par elle à mon élucubration poétique; je trouvai qu'elle avait parfaitement raison, et je lui répondis : « Sois tranquille, ma petite
» mère, je ne deviendrai pas une pédante, et quand
» je voudrai te dire que je t'aime, que je t'adore, je
» te le dirai tout bonnement comme le voilà dit. »

Je cessai donc d'*écrire*, mais le besoin d'inventer et de composer ne m'en tourmentait pas moins. Il me fallait un monde de fictions, et je n'avais jamais cessé de m'en créer un que je portais partout avec moi, dans mes promenades, dans mon immobilité, au jardin, aux champs, dans mon lit avant de m'endormir et en m'éveillant, avant de me lever. Toute ma vie j'avais eu un roman en train dans la cervelle, auquel j'ajoutais un chapitre plus ou moins long aussitôt que je me trouvais seule, et pour lequel j'amassais sans cesse des matériaux. Mais pourrai-je donner une idée de cette manière de composer que j'ai perdue et que je regretterai toujours, car c'est la seule qui ait réalisé jamais ma fantaisie?

Je ne donnerais aucun développement au récit de cette fantaisie de mon cerveau, si je croyais qu'elle n'eût été qu'une bizarrerie personnelle. Car mon lecteur doit remarquer que je me préoccupe beaucoup plus de lui faire repasser et commenter sa propre existence, celle de nous tous, que de l'intéresser à la mienne propre; mais j'ai lieu de croire que mon histoire intellectuelle est celle de la génération à laquelle j'appartiens, et qu'il n'est aucun de nous qui n'ait fait, dès son jeune âge, un roman ou un poëme.

J'avais bien vingt-cinq ans, lorsque, voyant mon frère griffonner beaucoup, je lui demandai ce qu'il faisait. « Je cherche, me dit-il, un roman moral dans le fond, comique dans la forme : mais je ne sais pas écrire, et il me semble que tu pourrais rédiger ce que j'ébauche. » Il me fit part de son plan, que je trouvai trop sceptique et dont les détails me rebutèrent. Mais, à ce propos, je lui demandai depuis quand il avait cette fantaisie de faire un roman. « Je l'ai toujours eue, répondit-il. Quand j'y rêve, il me passionne et me divertit quelquefois tant, que j'en ris tout seul. Mais quand je veux y mettre de l'ordre, je ne sais pas par où commencer, par où finir. Tout cela se brouille sous ma plume. L'expression me manque, je m'impatiente, je me dégoûte, je brûle ce que je viens d'écrire, et j'en suis débarrassé pour quelques jours. Mais bientôt cela revient comme une fièvre. J'y pense le jour, j'y pense la nuit, et il faut que je gribouille encore, sauf à brûler toujours.

2.

— Que tu as tort, lui dis-je, de vouloir donner une forme arrêtée, un plan régulier à ta fantaisie ! Tu ne vois donc pas que tu lui fais la guerre, et que si tu renonçais à la jeter hors de toi, elle serait toujours en toi active, riante et féconde? Que ne fais-tu comme moi, qui n'ai jamais gâté l'idée que je me suis faite de ma création en cherchant à la formuler?

— Ah çà, dit-il, c'est donc une maladie que nous avons dans le sang? Tu pioches donc aussi dans le vide? tu rêvasses donc aussi comme moi? Tu ne me l'avais jamais dit. » J'étais déjà fâchée de m'être trahie, mais il était trop tard pour se raviser. Hippolyte, en me confiant son mystère, avait droit de m'arracher le mien, et je lui racontai ce que je vais raconter ici.

Dès ma première enfance, j'avais besoin de me faire un monde intérieur à ma guise, un monde fantastique et poétique; peu à peu j'eus besoin d'en faire aussi un monde religieux ou philosophique, c'est-à-dire moral ou sentimental. Vers l'âge de onze ans, je lus l'*Iliade* et la *Jérusalem délivrée*. Ah! que je les trouvais courtes, que je fus contrariée d'arriver à la dernière page! Je devins triste et comme malade de chagrin de les voir sitôt finies. Je ne savais plus que devenir; je ne pouvais plus rien lire; je ne savais auquel de ces deux poëmes donner la préférence; je comprenais qu'Homère était

plus beau, plus grand, plus simple; mais le Tasse m'intéressait et m'intriguait davantage. C'était plus romanesque, plus de mon temps et de mon sexe. Il y avait des situations dont j'aurais voulu que le poëte ne me fît jamais sortir, Herminie chez les bergers, par exemple, ou Clorinde délivrant du bûcher Olinde et Sophronie. Quels tableaux enchantés je voyais se dérouler autour de moi! Je m'emparais de ces situations; je m'y établissais pour ainsi dire; les personnages devenaient miens; je les faisais agir ou parler, et je changeais à mon gré la suite de leurs aventures, non pas que je crusse mieux faire que le poëte, mais parce que les préoccupations amoureuses de ces personnages me gênaient, et que je les voulais tels que je me sentais, c'est-à-dire enthousiastes seulement de religion, de guerre ou d'amitié. Je préférais la martiale Clorinde à la timide Herminie; sa mort et son baptême la divinisaient à mes yeux. Je haïssais Armide, je méprisais Renaud. Je sentais vaguement de la guerrière et de la magicienne ce que Montaigne dit de Bradamante et d'Angélique, à propos du poëme de l'Arioste : « *l'une,*
» d'une beauté naïve, active, généreuse, non hom-
» masse, mais virile; *l'autre,* d'une beauté molle,
» affectée, délicate, artificielle; l'une travestie en
» garçon, coiffée d'un morion luisant; l'autre vêtue
» en *fille,* coiffée d'un attifet emperlé. »

Mais au-dessus de ces personnages du roman,

l'Olympe chrétien planait sur la composition du Tasse, comme dans l'*Iliade* les dieux du paganisme; et c'est par la poésie de ces symboles que le besoin d'un sentiment religieux, sinon d'une croyance définie, vint s'emparer ardemment de mon cœur. Puisqu'on ne m'enseignait aucune religion, je m'aperçus qu'il m'en fallait une, et je m'en fis une.

J'arrangeai cela très-secrètement en moi-même; religion et roman poussèrent de compagnie dans mon âme. J'ai dit que les esprits les plus romanesques étaient les plus positifs, et quoique cela ressemble à un paradoxe, je le maintiens. Le penchant romanesque est un appétit du beau idéal. Tout ce qui, dans la réalité vulgaire, gêne cet élan est facilement mis de côté et compté pour rien par ces esprits logiciens à leur point de vue. Les chrétiens primitifs, les adeptes de toutes les sectes enfantées par le christianisme pris au pied de la lettre sont des esprits romanesques, et leur logique est rigoureuse, absolue; je défie qu'on prouve le contraire.

Me voilà donc, enfant rêveur, candide, isolé, abandonné à lui-même, lancée à la recherche d'un idéal, et ne pouvant pas rêver un monde, une humanité idéalisée, sans placer au faîte un Dieu, l'idéal même. Ce grand créateur Jéhovah, cette grande fatalité Jupiter, ne me parlaient pas assez directement. Je voyais bien les rapports de cette puissance suprême avec la nature, je ne la sentais pas assez particulièrement dans l'humanité. Je fis ce que l'humanité avait fait avant moi. Je cherchai un médiateur, un intermédiaire, un Dieu-homme, un divin ami de notre race malheureuse.

Homère et le Tasse venant couronner la poésie chrétienne et païenne de mes premières lectures, me montraient tant de divinités sublimes ou terribles que je n'avais que l'embarras du choix ; mais cet embarras était grand. On me préparait à la première communion, et je ne comprenais absolument rien au catéchisme. L'Évangile et le drame divin de la vie et de la mort de Jésus m'arrachaient en secret des torrents de larmes. Je m'en cachais bien, j'aurais craint que ma grand'mère ne se moquât de moi. Elle ne l'eût pas fait, j'en suis certaine aujourd'hui, mais cette absence d'intervention dans ma croyance, dont elle semblait s'être fait une loi, me jetait dans le doute, et peut-être aussi l'éternel attrait du mystère dans mes émotions les plus intimes me portait-il à moi-même ce préjudice moral d'être privée de direction [1]. Ma grand'mère, en me

---

[1] Cet attrait du mystère n'est pas un phénomène de mon organisation. Que toutes les mères se rappellent leur enfance, qu'elles oublient trop quand elles élèvent leurs filles. Cet état de l'âme qui se cherche elle-même est inhérent à l'enfance, et surtout à l'enfance de la femme. Il ne faut ni contrarier brutalement ce penchant ni le trop laisser se développer. J'ai vu des mères, d'une surveillance indélicate et jalouse, soup-

voyant lire et apprendre le dogme par cœur sans faire la moindre réflexion, se flattait peut-être de trouver en moi une table rase aussitôt qu'elle voudrait m'instruire à son point de vue, mais elle se trompait. L'enfant n'est jamais une table rase. Il commente, il s'interroge, il doute, il cherche, et si on ne lui donne rien pour se bâtir une maison, il se fait un nid avec les fétus qu'il peut rassembler.

C'est ce qui m'arriva. Comme ma grand'mère n'avait eu qu'un soin, celui de combattre en moi le penchant superstitieux, je ne pouvais croire aux miracles, et je n'aurais pas osé croire non plus à la divinité de Jésus. Mais je l'aimais quand même, cette divinité, et je me disais : « Puisque toute religion est une fiction, faisons un roman qui soit une religion ou une religion qui soit un roman. Je ne crois pas à mes romans, mais ils me donnent autant de bonheur que si j'y croyais. D'ailleurs, s'il m'arrive d'y croire de temps en temps, personne ne le saura, personne ne contrariera mon illusion en me prouvant que je rêve. »

çonner toujours quelque impureté dans la chaste rêverie de leurs filles, et jeter des pierres ou des ordures dans ce lac tranquille et pur qui ne reflétait encore que le ciel. J'en ai vu d'autres qui laissaient toutes les ordures du dehors y tomber sans se douter de rien. C'est bien difficile, c'est parfois quasi impossible de voir au fond de cette eau dormante, et c'est à cause de cela qu'on ne saurait trop s'en préoccuper.

CHAPITRE HUITIÈME.

Et voilà qu'en rêvant la nuit, il me vint une figure et un nom. Le nom ne signifiait rien, que je sache, c'était un assemblage fortuit de syllabes comme il s'en forme dans les songes. Mon fantôme s'appelait *Corambé,* et ce nom lui resta. Il devint le titre de mon roman et le dieu de ma religion.

En commençant à parler de *Corambé*, je commence à parler non-seulement de ma vie poétique, que ce type a remplie si longtemps dans le secret de mes rêves, mais encore de ma vie morale, qui ne faisait qu'une avec la première. Corambé n'était pas, à vrai dire, un simple personnage de roman, c'était la forme qu'avait prise et que garda longtemps mon idéal religieux.

De toutes les religions qu'on me faisait passer en revue comme une étude historique pure et simple, sans m'engager à en adopter aucune, il n'y en avait aucune, en effet, qui me satisfît complétement, et toutes m'attiraient par quelque endroit. Jésus-Christ était bien pour moi le type d'une perfection supérieure à toutes les autres ; mais la religion qui me défendait, au nom de Jésus, d'aimer les autres philosophes, les autres dieux, les autres saints de l'antiquité, me gênait et m'étouffait pour ainsi dire. Il me fallait l'*Iliade* et la *Jérusalem* dans mes fictions. Corambé se créa tout seul dans mon cerveau. Il était pur et charitable comme Jésus, rayonnant et beau comme Gabriel ; mais il lui fallait un peu de la grâce des nymphes et de la poésie d'Orphée. Il avait donc des formes moins austères que le Dieu des chrétiens, et un sentiment plus spiritualisé que ceux d'Homère. Et puis, il me fallait le compléter en le vêtant en femme à l'occasion, car ce que j'avais le mieux aimé, le mieux compris jusqu'alors, c'était une femme, c'était ma mère. Ce fut donc souvent sous les traits d'une femme qu'il m'apparut. En somme, il n'avait pas de sexe et revêtait toutes sortes d'aspects différents.

Il y avait des déesses païennes que je chérissais : la sage Pallas, la chaste Diane, Iris, Hébé, Flore, les Muses, les Nymphes ; c'étaient là des êtres charmants dont je ne voulais pas me laisser priver par le christianisme. Il fallait que Corambé eût tous les attributs de la beauté physique et morale, le don de l'éloquence, le charme tout-puissant des arts, la magie de l'improvisation musicale surtout ; je voulais l'aimer comme un ami, comme une sœur, en même temps que le révérer comme un dieu. Je ne voulais pas le craindre, et à cet effet, je souhaitais qu'il eût quelques-unes de nos erreurs et de nos faiblesses.

Je cherchai celle qui pourrait se concilier avec sa perfection, et je trouvai l'excès de l'indulgence et de la bonté. Ceci me plut particulièrement, et son existence, en se déroulant dans mon imagination (je n'oserais dire par l'effet de ma volonté, tant ces rêves me parurent bientôt se formuler d'eux-mêmes), m'offrit une série d'épreuves, de souffrances, de persécutions et de martyres. J'appelais livre ou chant chacune de ses phases d'humanité, car il devenait homme ou femme en touchant la terre, et quelquefois le Dieu supérieur et tout-puissant dont il n'était, après tout, qu'un ministre céleste, préposé au gouvernement moral de notre planète, prolongeait son exil parmi nous, pour le punir de trop d'amour et de miséricorde envers nous.

Dans chacun de ces chants (je crois bien que mon poëme en a eu au moins mille sans que j'aie été tentée d'en écrire une ligne), un monde de personnages nouveaux se groupait autour de Corambé. Tous étaient bons. Il y avait des méchants qu'on ne voyait jamais (je ne voulais pas les faire paraître), mais dont la malice et la folie se révélaient par des images de désastre et des tableaux de désolation. Corambé consolait et réparait sans cesse. Je le voyais, entouré d'êtres mélancoliques et tendres, qu'il charmait de sa parole et de son chant, dans des paysages délicieux, écoutant le récit de leurs peines et les ramenant au bonheur par la vertu.

D'abord je me rendis bien compte de cette sorte de travail inédit; mais au bout de très-peu de temps, de très-peu de jours même, car les jours comptent triple dans l'enfance, je me sentis possédée par mon sujet bien plus qu'il n'était possédé par moi. Le rêve arriva à une sorte d'hallucination douce, mais si fréquente et si complète parfois, que j'en étais comme ravie hors du monde réel.

D'ailleurs, le monde réel se plia bientôt à ma fantaisie. Il s'arrangea à mon usage. Nous avions, aux champs, mon frère, Liset et moi, plusieurs amis, filles et garçons, que nous allions trouver tour à tour pour jouer, courir, marauder ou grimper avec eux. J'allais, quant à moi, plus souvent avec les filles d'un de nos métayers, Marie et Solange, qui étaient un peu plus jeunes de fait et plus enfants que moi par caractère. Presque tous les jours, de midi à deux heures, c'était l'heure de ma récréation permise, je courais à la métairie et je trouvais mes jeunes amies occupées à soigner leurs agneaux, à chercher les œufs de leurs poules, épars dans les buissons, à cueillir les fruits du verger, ou à garder les *ouailles*, comme on dit chez nous, ou *à faire de la feuille* pour leur provision d'hiver. Suivant la saison, elles étaient toujours à l'ouvrage, et je les aidais avec ardeur afin d'avoir le plaisir d'être avec elles. Marie était un enfant fort sage et fort simple. La plus jeune, Solange, était assez volontaire, et nous cédions à toutes ses fantaisies. Ma grand'mère était fort aise que je prisse de l'exercice avec elles, mais elle disait qu'elle ne concevait pas le plaisir que je pouvais trouver, moi qui faisais de si belles descriptions, et qui asseyais la lune *dans une nacelle d'argent*, avec ces petites paysannes crottées, avec leurs dindons et leurs chèvres.

Moi, j'avais le secret de mon plaisir et je le gardais pour moi seule. Le verger où je passais une partie de ma journée était charmant (il l'est encore), et c'est là que mon roman venait en plein me trouver. Quoique ce verger fût bien assez joli par lui-même, je ne le voyais pas précisément tel qu'il était. Mon imagination faisait d'une butte de trois pieds une montagne, de quelques arbres une forêt, du sentier qui allait de la maison à la prairie le chemin qui mène au bout du monde, de la mare bordée de vieux saules un gouffre ou un lac, à volonté ; et je voyais mes personnages agir, courir ensemble, ou marcher seuls en rêvant, ou dormir à l'ombre, ou danser en chantant dans ce paradis de mes songes creux. La causette de Marie et de Solange ne me dérangeait nullement. Leur naïveté, leurs occupations champêtres ne détruisaient rien à l'harmonie de mes tableaux, et je voyais en elles deux petites nymphes déguisées en villageoises et préparant tout pour l'arrivée de Corambé, qui passerait par là un jour ou l'autre et les rendrait à leur forme et à leur destinée véritables.

D'ailleurs quand elles parvenaient à me distraire et à faire disparaître mes fantômes, je ne leur en savais pas mauvais gré, puisque j'arrivais à m'amuser pour mon propre compte avec elles. Quand j'étais là, les parents se montraient fort tolérants sur le temps perdu, et bien souvent nous laissions quenouilles, moutons ou corbeilles pour nous livrer à une gymnastique échevelée, grimper sur les arbres, ou nous précipiter du haut en bas des montagnes de gerbes entassées dans la grange, jeu délirant, je l'avoue, et que j'aimerais encore si je l'osais.

Ces accès de mouvement et de gaieté enivrante me faisaient trouver plus de plaisir encore à retomber dans mes contemplations, et mon cerveau excité physiquement était plus riche d'images et de fantaisies. Je le sentais et ne m'en faisais pas faute.

Une autre amitié que je cultivais moins assidûment, mais où mon frère m'entraînait quelquefois, avait pour objet un gardeur de cochons qui s'appelait *Plaisir*. J'ai toujours eu peur et horreur des cochons, et pourtant, peut-être précisément à cause de cela, Plaisir, par la grande autorité qu'il exerçait sur ces méchants et stupides animaux, m'inspirait une sorte de respect et de crainte. On sait que c'est une dangereuse compagnie qu'un troupeau de porcs. Ces animaux ont entre eux un étrange instinct de solidarité. Si l'on offense un individu isolé, il jette un certain cri d'alarme qui réunit instantanément tous les autres. Ils forment alors un bataillon qui se resserre sur l'ennemi commun et le force à chercher son salut sur un arbre; car, de courir, il n'y faut point songer, le porc maigre étant, comme le sanglier, un des plus rapides et des plus infatigables jarrets qui existent.

Ce n'était donc pas sans terreur que je me trouvais aux champs au milieu de ces animaux, et jamais l'habitude n'a pu me corriger de cette faiblesse. Pourtant Plaisir craignait si peu et dominait tellement ceux auxquels il avait affaire, leur arrachant sous le nez les féveroles et autres tubercules sucrés qu'ils trouvent dans nos terres, que je travaillais à m'aguerrir auprès de lui. La plus terrible bête de son troupeau, c'était le maître porc, celui que nos pastours appellent le *cadi,* et qui, réservé à la reproduction de l'espèce, atteint souvent une taille et une force extraordinaires. Il l'avait si bien dompté, qu'il le chevauchait avec une sorte de maestria sauvage et burlesque.

Walter Scott n'a pas dédaigné d'introduire un gardeur de pourceaux dans *Ivanhoé,* un de ses plus beaux romans. Il aurait pu tirer un grand parti de la figure de Plaisir. C'était un être tout primitif, doué des talents de sa condition barbare. Il abattait les oiseaux à coups de pierre avec une habileté remarquable, et s'exerçait principalement sur les pies et les corneilles qui viennent, en hiver, faire société intime avec les troupeaux de porcs. On les voit se tenir autour de ces animaux pour chercher dans les mottes de terre qu'ils retournent avec leur nez les vers et les graines en germe. Cela donne lieu à de grandes altercations entre ces oiseaux querelleurs; celui qui a saisi la proie saute sur le cochon pour la dévorer à son aise, les autres l'y suivent pour le houspiller, et le dos ou la tête du quadrupède indifférent et impassible devient le théâtre de luttes acharnées. Quelquefois aussi ces oiseaux se perchent sur le pourceau seulement pour se réchauffer, ou pour mieux observer le travail dont ils doivent profiter. J'ai vu souvent une vieille corneille cendrée se tenir ainsi sur une jambe, d'un air pensif et mélancolique, tandis que le pourceau labourait profondément le sol, et par ses efforts lui imprimait des secousses qui la dérangeaient, l'impatientaient et la décidaient à le corriger à coups de bec.

C'est dans cette farouche société que Plaisir passait sa vie; vêtu en toute saison d'une blouse et d'un pantalon de toile de chanvre qui avaient pris, ainsi que ses mains et ses pieds nus, la couleur et la dureté de la terre, se nourrissant, comme son troupeau, des racines qui rampent sous le sol, armé de l'instrument de fer triangulaire qui est le sceptre des porchers et qui leur sert à creuser et à couper sous les sillons, toujours enfoui dans quelque trou, ou rampant sous les buissons pour y poursuivre les serpents ou les belettes, quand un pâle soleil d'hiver faisait briller le givre sur les grands terrains bouleversés par l'incessant travail de son troupeau, il

CHAPITRE HUITIÈME.

me faisait l'effet du gnome de la glèbe, une sorte de diable entre l'homme et le loup-garou, entre l'animal et la plante [1].

A la lisière du champ où nous vîmes Plaisir pendant toute une saison, le fossé était couvert d'une belle végétation. Sous les branches pendantes des vieux ormes et l'entre-croisement des ronces, nous autres enfants, nous pouvions marcher à couvert,

---

[1] Il devenait plus fantastique encore lorsqu'il disait la chanson des porchers. C'est un chant étrange qui doit, comme celui des bouviers de notre pays, remonter à la plus haute antiquité. On ne saurait le traduire musicalement, parce qu'il est entrecoupé et mêlé de cris et d'appels au troupeau, qui relient entre elles des phrases sans rhythme fixe et d'une intonation bizarre. Cela est triste, railleur et d'un caractère effrayant comme un sabbat de divinités gauloises. Comme tous les chants conservés par la tradition orale, il y a un nombre infini de versions qui se modifient encore au gré du pastour, mais qui restent toujours dans la couleur primitive. Les paroles sont improvisées le plus souvent. On y entend revenir cependant ces trois vers consacrés :

> Quand les porcs ont l'ailland (le gland),
> Les maît'e avont l'argent,
> Les porchers le pain blanc...

et ceux-ci :

> Que le diable et la mort
> Emportiont tous les porcs !
> Les petits et les grands,
> La mère et les enfans.

Je parlerai ailleurs du *Chant des bœufs*, qui est une chose superbe et de la même antiquité.

et il y avait des creux secs et sablonneux avec des revers de mousse et d'herbes desséchées, où nous pouvions nous tenir à l'abri du froid ou de la pluie. Ces retraites me plaisaient singulièrement, surtout quand j'y étais seule et que les rouges-gorges et les roitelets, enhardis par mon immobilité, venaient curieusement tout auprès de moi pour me regarder. J'aimais à me glisser inaperçue sous les berceaux naturels de la haie, et il me semblait entrer dans le royaume des esprits de la terre. J'eus là beaucoup d'inspirations pour mon roman. Corambé vint m'y trouver sous la figure d'un gardeur de pourceaux, comme Apollon chez Admète. Il était pauvre et poudreux comme Plaisir ; seulement sa figure était autre et laissait quelquefois jaillir un rayon où je reconnaissais le dieu exilé, condamné à d'obscurs et mélancoliques labeurs. Le cadi était un méchant génie attaché à ses pas et dompté, malgré sa malice, par l'irrésistible influence de l'esprit de patience et de bonté. Les petits oiseaux du buisson étaient des sylphes qui venaient le plaindre et le consoler dans leur joli langage, et il souriait encore sous ses haillons, le pauvre pénitent volontaire. Il me racontait qu'il expiait la peine de quelqu'un, et que son abjection était destinée à racheter l'âme d'un de mes personnages coupable de faste ou d'indolence.

Dans le fossé couvert je vis aussi apparaître un

personnage mythologique qui m'avait fait une grande impression dans ma première enfance. C'était l'antique Démogorgon, le génie du sein de la terre, ce *petit vieillard crasseux, couvert de mousse, pâle et défiguré, qui habitait les entrailles du globe.* Ainsi le décrivait mon vieux traité de mythologie, lequel assurait, en outre, que Démogorgon s'ennuyait beaucoup dans cette triste solitude. L'idée m'était bien venue quelquefois de faire un grand trou pour essayer de le délivrer, mais lorsque je commençai à rêver de Corambé, je n'ajoutais plus foi aux fables païennes, et Démogorgon ne fut plus pour moi qu'un personnage fantastique dans mon roman. Je l'évoquais pour qu'il vînt s'entretenir avec Corambé, qui lui racontait les malheurs des hommes et le consolait ainsi de vivre parmi les débris ignorés de l'antique création.

Peu à peu la fiction qui m'absorbait prit un tel caractère de conviction que j'éprouvai le besoin de me créer une sorte de culte.

Pendant près d'un mois, je parvins à me dérober à toute surveillance durant mes heures de récréation, et à me rendre si complétement invisible, que personne n'eût pu dire ce que je devenais à ces heures-là, pas même Rose, qui pourtant ne me laissait guère tranquille, pas même Liset, qui me suivait partout comme un petit chien.

Voici ce que j'avais imaginé. Je voulais élever un

autel à Corambé. J'avais d'abord pensé à la grotte en rocaille qui subsistait encore, quoique ruinée et abandonnée; mais le chemin en était encore trop connu et trop fréquenté. Le petit bois du jardin offrait alors certaines parties d'un fourré impénétrable. Les arbres encore jeunes n'avaient pas étouffé la végétation des aubépines et des troënes qui croissaient à leur pied, serrés comme les herbes d'une prairie. Dans ces massifs que côtoyaient les allées de charmille, j'avais donc remarqué qu'il en était plusieurs où personne n'entrait jamais et où l'œil ne pouvait pénétrer durant la saison des feuilles. Je choisis le plus épais, je m'y frayai un passage et je cherchai dans le milieu un endroit convenable. Il s'y trouva, comme s'il m'eût attendue. Au centre du fourré s'élevaient trois beaux érables sortant d'un même pied, et la végétation des arbustes étouffés par leur ombrage s'arrondissait à l'entour pour former comme une petite salle de verdure. La terre était jonchée d'une mousse magnifique, et, de quelque côté qu'on portât les yeux, on ne pouvait rien distinguer dans l'interstice des broussailles à deux pas de soi. J'étais donc là aussi seule, aussi cachée qu'au fond d'une forêt vierge, tandis qu'à trente ou quarante pieds de moi couraient des allées sinueuses où l'on pouvait passer et repasser sans se douter de rien.

Il s'agissait de décorer à mon gré le temple que

je venais de découvrir. Pour cela je procédai comme ma mère me l'avait enseigné. Je me mis à la recherche des beaux cailloux, des coquillages variés, des plus fraîches mousses. J'élevai une sorte d'autel au pied de l'arbre principal, et au-dessus je suspendis une couronne de fleurs que des chapelets de coquilles roses et blanches faisaient descendre comme un lustre des branches de l'érable. Je coupai quelques broussailles, de manière à donner une forme régulière à la petite rotonde, et j'y entrelaçai du lierre et de la mousse de façon à former une sorte de colonnade de verdure avec des arcades, d'où pendaient d'autres petites couronnes, des nids d'oiseaux, de gros coquillages en guise de lampes, etc. Enfin je parvins à faire quelque chose qui me parut si joli que la tête m'en tournait et que j'en rêvais la nuit.

Tout cela fut accompli avec les plus grandes précautions. On me voyait bien fureter dans le bois, chercher des nids et des coquillages, mais j'avais l'air de ne ramasser ces petites trouvailles que par désœuvrement, et quand j'en avais rempli mon tablier, j'attendais d'être bien seule pour pénétrer dans le taillis. Ce n'était pas sans peine et sans égratignures, car je ne voulais pas me frayer un passage qui pût me trahir, et chaque fois je m'introduisais par un côté différent, afin de ne pas laisser de traces en foulant un sentier et en brisant des arbrisseaux par des tentatives répétées.

Quand tout fut prêt, je pris possession de mon empire avec délices, et, m'asseyant sur la mousse, je me mis à rêver aux sacrifices que j'offrirais à la divinité de mon invention. Tuer des animaux ou seulement des insectes pour lui complaire me parut barbare et indigne de sa douceur idéale. Je m'avisai de faire tout le contraire, c'est-à-dire de rendre sur son autel la vie et la liberté à toutes les bêtes que je pourrais me procurer. Je me mis donc à la recherche des papillons, des lézards, des petites grenouilles vertes et des oiseaux ; ces derniers ne me manquaient pas, j'avais toujours une foule d'engins tendus de tous côtés, au moyen desquels j'en attrapais souvent. Liset en prenait dans les champs et me les apportait ; de sorte que, tant que dura mon culte mystérieux, je pus tous les jours délivrer, en l'honneur de Corambé, une hirondelle, un rouge-gorge, un chardonneret, voire un moineau franc. Les moindres offrandes, les papillons et les scarabées comptaient à peine. Je les mettais dans une boîte que je déposais sur l'autel et que j'ouvrais, après avoir invoqué le bon génie de la liberté et de la protection. Je crois que j'étais devenue un peu comme ce pauvre fou qui cherchait la tendresse. Je la demandais aux bois, aux plantes, au soleil, aux animaux, et à je ne sais quel être invisible qui n'existait que dans mes rêves.

Je n'étais plus assez enfant pour espérer de voir

apparaître ce génie : cependant, à mesure que je matérialisais pour ainsi dire mon poëme, je sentais mon imagination s'exalter singulièrement. J'étais également près de la dévotion et de l'idolâtrie, car mon idéal était aussi bien chrétien que païen, et il vint un moment où, en accourant le matin pour visiter mon temple, j'attachais malgré moi une idée superstitieuse au moindre dérangement. Si un merle avait gratté mon autel, si le pivert avait entaillé mon arbre, si quelque coquille s'était détachée du feston ou quelque fleur de la couronne, je voulais que, pendant la nuit, au clair de la lune, les nymphes ou les anges fussent venus danser et folâtrer en l'honneur de mon bon génie. Chaque jour je renouvelais toutes les fleurs et je faisais des anciennes couronnes un amas qui jonchait l'autel. Quand, par hasard, la fauvette ou le pinson auquel je donnais la volée, au lieu de fuir effarouché dans le taillis, montait sur l'arbre et s'y reposait un instant, j'étais ravie ; il me semblait que mon offrande avait été plus agréable encore que de coutume. J'avais là des rêveries délicieuses, et, tout en cherchant le merveilleux qui avait pour moi tant d'attrait, je commençais à trouver l'idée vague et le sentiment net d'une religion selon mon cœur.

Malheureusement (heureusement peut-être pour ma petite cervelle, qui n'était pas assez forte pour creuser ce problème), mon asile fut découvert. A force de me chercher, Liset arriva jusqu'à moi, et tout ébaubi à la vue de mon temple, il s'écria : « Ah ! mam'selle, le joli petit reposoir de la Fête-Dieu ! »

Il ne vit qu'un amusement dans mon mystère, et il voulut m'aider à l'embellir encore. Mais le charme était détruit. Du moment que d'autres pas que les miens eurent foulé ce sanctuaire, Corambé ne l'habita plus. Les dryades et les chérubins l'abandonnèrent, et il me sembla que mes cérémonies et mes sacrifices n'étaient plus qu'une puérilité que je n'avais pas prise moi-même au sérieux. Je détruisis le temple avec autant de soin que je l'avais édifié. Je creusai au pied de l'arbre et j'enterrai les guirlandes, les coquillages et tous les ornements champêtres sous les débris de l'autel.

CHAPITRE NEUVIÈME

L'ambition de Liset. — Énergie et langueur de l'adolescence. — Les glaneuses. — Deschartres me rend communiste. — Il me dégoûte du latin. — Un orage pendant la fenaison. — La *bête*. — Histoire de l'enfant de chœur. — Les veillées des chanvreurs. — Les histoires du sacristain. — Les visions de mon frère. — Les beautés de l'hiver à la campagne. Association fraternelle des preneurs d'alouettes. — Le roman de Corambé se passe du nécessaire. — La première communion. — Les comédiens de passage. — La messe et l'Opéra. — Brigitte et Charles. — L'enfance ne passe pas pour tout le monde.

Mon frère était si content de s'en aller, que je ne pus pas m'affliger beaucoup de le voir partir. Cependant la maison me parut bien grande, le jardin bien triste, la vie bien morne quand je me trouvai seule. Comme il riait en me quittant, j'aurais eu honte de pleurer ; mais je pleurai le lendemain matin, lorsqu'en m'éveillant je me dis que je ne le verrais plus. Liset, me voyant les yeux rouges à la récréation, se crut obligé de pleurer, quoiqu'il eût été plus tourmenté et plus rossé que choyé par Hippolyte.

C'était un enfant très-sensible, que ses parents ne rendaient pas heureux, et qui avait reporté sur moi toutes ses affections. Il rêvait, comme félicité suprême, d'être un jour mon jockey et d'avoir un chapeau galonné. Je ne goûtais pas ce genre d'ambition, et je lui jurais que de ma vie je ne *galonnerais* mes domestiques. J'ai tenu parole ; je ne peux pas souffrir ces travestissements ; mais c'était le conte de fées, la poésie de Liset, et je ne pus jamais lui faire comprendre que c'était une sotte vanité. Le pauvre enfant est mort pendant que j'étais au couvent, et je devais bientôt le quitter pour ne plus le revoir.

Tout au milieu de mes rêvasseries sans fin et des chagrins de ma situation, je me développais extraordinairement. J'annonçais devoir être grande et robuste ; de douze à treize ans, je grandis de trois pouces et j'acquis une force exceptionnelle pour mon âge et pour mon sexe. Mais j'en restai là, et mon développement s'arrêta au moment où il commence souvent pour les autres. Je ne dépassai pas la taille de ma mère, mais je fus toujours très-forte, et capable de supporter des marches et des fatigues presque viriles.

Ma grand'mère ayant enfin compris que je n'étais jamais malade que faute d'exercice et de grand air, avait pris le parti de me laisser courir, et pourvu que je ne revinsse pas avec des déchirures à ma personne ou à mes vêtements, Rose m'abandonnait peu à peu à ma liberté physique. La nature me poussait par un besoin invincible à seconder le travail qu'elle opérait en moi, et ces deux années, celles où je rêvai et pleurai pourtant le plus, furent aussi celles où je courus et où je m'agitai davantage. Mon corps et mon esprit se commandaient alternativement une inquiétude d'activité et une fièvre de contemplations, pour ainsi dire. Je dévorais les livres qu'on me mettait entre les mains, et puis tout à coup je sautais par la fenêtre du rez-de-chaussée, quand elle se trouvait plus près de moi que la porte, et j'allais m'ébattre dans le jardin ou dans la campagne, comme un poulain échappé. J'aimais la solitude de passion, j'aimais la société des autres enfants avec une passion égale ; j'avais partout des amis et des compagnons. Je savais dans quel champ, dans quel pré, dans quel chemin je trouverais Fanchon, Pierrot, Liinne, Rosette ou Sylvain. Nous faisions le *ravage* dans les fossés, sur les arbres, dans les ruisseaux. Nous gardions les troupeaux, c'est-à-dire que nous ne les gardions pas du tout, et que, pendant que les chèvres et les moutons faisaient bonne chère dans les jeunes blés, nous formions des danses échevelées, ou bien nous goûtions sur l'herbe avec nos galettes, nos fromages et notre pain bis. On ne se gênait pas pour traire les chèvres et les brebis, voire les vaches et les juments quand elles n'étaient pas trop récalcitrantes. On faisait cuire des oiseaux ou des pommes de terre sous la cendre. Les poires et les pommes sauvages, les prunelles, les mûres de buisson, les racines, tout nous était régal. Mais c'était là qu'il ne fallait pas être surpris par Rose, car il m'était enjoint de ne pas manger *hors des repas,* et si elle arrivait, armée d'une houssine verte, elle frappait impartialement sur moi et sur mes complices.

Chaque saison amenait ses plaisirs. Dans le temps des foins, quelle joie que de se rouler sur le sommet du charroi, ou sur les miloches! Toutes mes amies, tous mes petits camarades rustiques venaient glaner derrière les ouvriers dans nos prairies, et j'allais rapidement faire l'ouvrage de chacun d'eux, c'est-à-dire que, prenant leurs râteaux, j'entamais dans nos récoltes, et qu'en un tour de main je leur en donnais à chacun autant qu'il en pouvait emporter. Nos métayers faisaient la grimace, et je ne comprenais pas qu'ils n'eussent pas le même plaisir que moi à donner. Deschartres se fâchait; il disait que je faisais de tous ces enfants des pillards qui me feraient repentir, un jour, de ma facilité à donner et à laisser prendre.

C'était la même chose en temps de moisson; ce n'étaient plus des javelles qu'emportaient les enfants de la commune, c'étaient des gerbes. Les pauvresses de la Châtre venaient par bandes de quarante et cinquante. Chacune m'appelait pour *suivre sa rège*, c'est-à-dire pour tenir son sillon avec elle, car elles établissent entre elles une discipline et battent celle qui glane hors de sa ligne. Quand j'avais passé cinq minutes avec une glaneuse, comme je ne me gênais pas pour prendre à deux mains dans nos gerbes, elle avait gagné sa journée, et lorsque Deschartres me grondait, je lui rappelais l'histoire de Ruth et de Booz.

C'est de cette époque particulièrement que datent les grandes et fastidieuses instructions que le bon Deschartres entreprit de me faire goûter sur les avantages et les plaisirs de la propriété. Je ne sais pas si j'étais prédisposée à prendre la contre-partie de sa doctrine, ou si ce fut la faute du professeur, mais il est certain que je me jetai par réaction dans le *communisme* le plus aveugle et le plus absolu. On pense bien que je ne donnais pas ce nom à mon utopie, je crois que le mot n'avait pas encore été créé ; mais je décrétai en moi-même que l'égalité des fortunes et des conditions était la loi de Dieu, et que tout ce que la fortune donnait à l'un, elle le volait à l'autre. J'en demande bien pardon à la société présente, mais cela m'entra dans la tête à l'âge de douze ans, et n'en sortit plus que pour se modifier en se conformant aux nécessités morales des faits accomplis. L'idéal resta pour moi dans un rêve de fraternité paradisiaque, et lorsque je devins catholique plus tard, ce rêve s'appuya sur la logique de l'Évangile. J'y reviendrai.

J'exposais naïvement mon utopie à Deschartres. Pauvre homme ! s'il vivait aujourd'hui, avec ses instincts réactionnaires développés par les circonstances, dans quelles fureurs certaines idées nouvelles lui feraient achever ses jours ! Mais en 1816 l'utopie ne lui paraissait pas menaçante, et il prenait la peine de la discuter méthodiquement. « Vous changerez d'avis, me disait-il, et vous arriverez à mépriser trop l'humanité pour vouloir vous sacrifier à elle. Mais, dès à présent, il faut combattre en vous ces instincts de prodigalité que vous tenez de votre pauvre père. Vous n'avez pas la moindre idée de ce que c'est que l'argent ; vous vous croyez riche parce que vous voyez autour de vous de la terre qui est à vous, des moissons qui mûrissent pour vous, des bestiaux qu'on soigne et qu'on engraisse pour vous fournir tous les ans quelques sacs d'écus. Mais avec tout cela vous n'êtes pas riche, et votre bonne maman a bien de la peine à tenir sa maison sur un pied honorable.

— Eh bien, voyons, disais-je, qui est-ce qui force ma bonne maman à ces dépenses, qui sont principalement une bonne cave et une bonne table pour ses amis ? Car, quant à elle, elle mange comme un oiseau, et une bouteille de muscat lui durerait bien deux mois. Croyez-vous qu'on vienne la voir pour boire et manger ses friandises ? — Mais il faut ceci, il faut cela, » disait Deschartres. Je niais tout ; j'accordais qu'il fallait à ma bonne maman tout le bien-être dont je la voyais jouir avec plaisir, mais je prétendais que Deschartres et moi nous pouvions bien nous mettre au brouet noir des Lacédémoniens. Cela ne lui souriait pas du tout. Il raillait ma ferveur de novice en stoïcisme, et il m'emmenait voir nos champs et nos prés, assurant que je devais me mettre au courant de ma fortune et que je ne pouvais de trop bonne heure me rendre compte de mes dépenses et de mes recettes. Il me disait : « Voilà un morceau de terre qui vous appartient. Il a coûté tant, il vaut tant, il rapporte tant. » Je l'écoutais d'un air de complaisance, et lorsqu'au bout d'un instant il voulait me faire répéter ma leçon de propriétaire, il se trouvait que je ne l'avais pas entendue, ou que je l'avais déjà oubliée. Ses chiffres ne me disaient rien ; je savais très-bien dans quel blé poussaient les plus belles nielles et les plus belles gesses sauvages, dans quelle haie je trouverais des coronilles et des saxifrages, dans quel pré des mousserons ou des morilles, sur quelles fleurs, au bord de l'eau, se posaient les demoiselles vertes et les petits hannetons bleus ; mais il m'était impossible de lui dire si nous étions sur nos terres ou sur celles du voisin, où était la limite du champ, combien d'ares, d'hectares ou de centiares renfermait cette limite, si

la terre était de première ou de troisième qualité, etc.
Je le désespérais, j'étouffais des bâillements spasmodiques, et je finissais par lui dire des folies qui le faisaient rire et gronder en même temps. « Ah! pauvre tête, pauvre cervelle, disait-il en soupirant. C'est absolument comme son père ; de l'intelligence pour certaines choses inutiles et brillantes, mais néant en fait de notions pratiques ! pas de logique, pas un grain de logique ! » Que dirait-il donc aujourd'hui s'il savait que, grâce à ses explications, j'ai pris une telle aversion pour la possession de la terre que je ne suis pas plus avancée à quarante-cinq ans que je ne l'étais à douze ! Je l'avoue à ma honte, je ne connais pas mes terres d'avec celles du voisin, et quand je me promène à trois pas de ma maison, j'ignore absolument chez qui je suis.

Il semblerait qu'il fît tout son possible, ce brave homme, pour me dégoûter à tout jamais de ce qu'il appelait l'agriculture. Moi, j'adorais déjà, j'ai toujours adoré la poésie des scènes champêtres, mais il ne voulait m'y laisser voir rien de ce que j'y voyais. Si j'admirais la physionomie imposante des grands bœufs ruminant dans les herbes, il fallait entendre toute l'histoire du marché où le prix de ce bœuf avait été discuté, et la surenchère de tel fermier, et les grandes raisons que Deschartres, secondé par un intelligent Marchois de sa connaissance, avait fait valoir pour le payer trente francs de moins. Et puis ce bœuf avait une maladie qu'il fallait connaître et examiner. Il avait le pied tendre, la corne usée, une maladie de peau, que sais-je ? Adieu la poésie et l'idéale sérénité de mon bœuf Apis, le roi des prairies. Ces bons moutons qui venaient m'étouffer de leurs empressements pour manger dans mes poches, il fallait les voir trépaner parce qu'ils avaient une affection cérébrale ; c'était horrible. Il grondait terriblement les bergères, mes douces compagnes, qui tremblaient devant lui et s'en allaient en pleurant, tandis que moi, plantée à son côté comme juge et comme partie intéressée en même temps, je prenais en exécration mon rôle de *propriétaire* et de *maître*, qui tôt ou tard devait me faire haïr. Haïr pour ma parcimonie ou railler pour mon insouciance, c'était l'écueil inévitable, et j'y suis tombée. Les paysans de chez nous ont un grand mépris pour mon incurie, et je passe parmi eux depuis longues années pour une espèce d'imbécile.

Quand je voulais aller d'un côté, Deschartres m'emmenait d'un autre. Nous partions pour la rivière, qui dans tout son parcours, sous les saules et le long des écluses du petit ravin, offre une suite de paysages adorables, des ombrages frais et des fabriques rustiques du style le plus pittoresque. Mais, en route, Deschartres armé de sa lunette de poche, voyait des oies dans un de nos blés. Il fallait remonter la côte aride, et, sous l'ardente chaleur de l'été, aller verbaliser sur ces oies, ou sur la chèvre qui pelait des ormeaux, déjà si pelés que je ne comprends guère le mal qu'elle y pouvait faire. Et puis on surprenait dans un arbre touffu un gamin volant de la feuille. L'âne du voisin avait franchi la haie et tondait dans nos foins la *largeur de sa langue.* C'étaient des délits continuels à réprimer, des exécutions, des menaces, des querelles de tous les instants, et qui s'engageaient parfois avec mes meilleurs amis. Cela me serrait le cœur, et quand je le disais à ma grand'mère, elle me donnait de l'argent pour que je pusse, en cachette de Deschartres, aller rembourser les frais de l'amende au délinquant, ou porter de sa part les paroles de grâce.

Mais ce rôle ne me plaisait pas non plus ; il était loin de satisfaire mon idéal d'égalité fraternelle. En faisant grâce à ces villageois, il me semblait que je les rabaissais dans mon propre cœur. Leurs remercîments me blessaient, et je ne pouvais pas m'empêcher de leur dire que je ne faisais là qu'un acte de justice. Ils ne me comprenaient pas. Ils s'avouaient coupables, très-coupables dans la personne de leurs enfants, mauvais gardiens du petit troupeau. On voulait les battre en ma présence pour me donner satisfaction ; cela m'était odieux, et véritablement, me sentant devenir chaque jour artiste, avec des instincts de poésie et de tendresse, je maudissais le sort qui m'avait fait naître dame et châtelaine contre mon gré. J'enviais la condition des pastours. Mon plus doux rêve eût été de m'éveiller un beau matin sous leur chaume, de m'appeler Naniche ou Pierrot, et de mener mes bêtes au bord des chemins, sans souci de M. Lhomond et compagnie, sans solidarité avec les riches, sans appréhension d'un avenir qu'on me présentait si compliqué, si difficile à soutenir et si antipathique à mon caractère. Je ne voyais dans cette petite fortune, qu'on voulait me faire compter et recompter sans cesse, qu'un embarras dont je ne saurais jamais me tirer, et je ne me trompais nullement.

En dépit de mon goût pour le vagabondage, une sorte de fatalité me poussait au besoin de cultiver mon intelligence, malgré la conviction où j'étais que toute science était vanité et fumée. Même au milieu de mes plus vifs amusements champêtres, il me prenait un besoin de solitude et de recueillement ou une rage de lecture, et, passant d'un extrême à l'autre, après une activité fiévreuse, je m'oubliais dans les livres pendant plusieurs jours, et il n'y avait pas moyen de me faire bouger de ma chambre ou du petit boudoir de ma grand'mère; de sorte qu'on était bien embarrassé de définir mon caractère, tantôt dissipé jusqu'à la folie, tantôt sérieux et morne jusqu'à la tristesse.

Deschartres s'était beaucoup radouci depuis que mon frère n'était plus là pour le faire enrager. Il se plaisait souvent aux leçons que je prenais bien ; mais l'inconstance de mon humeur ramenait de temps en temps les bourrasques de la sienne, et il m'accusait de mauvaise volonté quand je n'avais réellement qu'une fièvre de croissance. Il me menaça quelquefois de me frapper ; et comme ces sortes d'avertissements sont déjà un fait à demi accompli, je me tenais sur mes gardes, résolue à ne pas souffrir de lui ce que je commençais à ne plus souffrir de Rose. A l'habitude, il était débonnaire avec moi, et me savait un gré infini de la promptitude avec laquelle je comprenais ses enseignements, quand ils étaient clairs. Mais, en de certains jours, j'étais si distraite, qu'il lui arriva enfin de me jeter à la tête un gros dictionnaire latin. Je crois qu'il m'aurait tuée si je n'eusse lestement évité le boulet en me baissant à propos. Je ne dis rien du tout, je rassemblai mes cahiers et mes livres, je les mis dans l'armoire, et j'allai me promener. Le lendemain, il me demanda si j'avais fait ma version : « Non, lui dis-je, je sais assez de latin comme cela, je n'en veux plus ! » Il ne m'en reparla jamais, et le latin fut abandonné. Je ne sais pas comment il s'en expliqua avec ma grand'mère ; elle ne m'en parla pas non plus. Probablement Deschartres eut honte de son emportement et me sut gré de lui en garder le secret, en même temps qu'il comprit que ma résolution de ne plus m'y exposer était irrévocable. Cette aventure ne m'empêcha pas de l'aimer ; il était pourtant l'ennemi juré de ma mère, et je n'avais jamais pu prendre mon parti sur les mauvais traitements qu'il avait fait essuyer à Hippolyte. Un jour qu'il l'avait cruellement battu, je lui avais dit : « *Je vais le dire à ma bonne maman,* » et je l'avais fait résolûment. Il avait été sévèrement blâmé, à ce que je présume, mais il ne m'en avait pas gardé de ressentiment. Comme nous étions francs l'un et l'autre, nous ne pouvions pas nous brouiller.

Il avait beaucoup du caractère de Rose, c'est pour cela qu'ils ne pouvaient pas se supporter. Un jour qu'elle balayait ma chambre et qu'il passait dans le corridor, elle lui avait jeté de la poussière sur ses beaux souliers reluisants. Lui de la traiter de butorde, elle de le qualifier de crocheteur ; le combat s'engage, et Rose, lançant son balai dans les jambes du pédagogue pendant qu'il descendait l'escalier, avait failli lui faire rompre le cou. De ce moment ils se détestèrent cordialement ; c'était chaque jour de nouvelles querelles, qui dégénéraient même en pugilat. Un peu plus tard il eut des différends moins énergiques, mais encore plus amers avec Julie. La cuisinière était aussi à couteaux tirés avec Rose, et elles se jetaient les assiettes à la tête. Ladite cuisinière se battait d'autre part avec son vieux époux Saint-Jean. On changea dix fois le valet de chambre parce qu'il ne pouvait s'entendre avec Rose ou avec

Deschartres. Jamais intérieur ne fut troublé de plus de criailleries et de batailles. Tel était le triste effet de l'excessive faiblesse de ma grand'mère. Elle ne voulait ni se séparer de ses domestiques, ni s'établir juge de leurs différends. Deschartres, en voulant y porter la paix, venait y mêler la tempête de sa colère. Tout cela m'inspirait un grand dégoût et augmentait mon amour pour les champs et pour la société de mes pastours, qui étaient si doux et vivaient en si bon accord.

Quand je sortais avec Deschartres, je pouvais aller assez loin avec lui et j'avais une certaine liberté. Rose m'oubliait, et je pouvais faire le gamin tout à mon aise. Un soir la fenaison se prolongea fort tard dans la soirée. On enlevait le dernier charroi d'un pré. Il faisait clair de lune, et on voulait en finir, parce que l'orage s'annonçait pour la nuit. Quelque diligence qu'on fît, le ciel se voila, et la foudre commençait à gronder lorsque nous reprîmes le chemin de la ferme. Nous étions au bord de la rivière, à un quart de lieue de chez nous. Le charroi, chargé précipitamment, était mal équilibré. Deux ou trois fois en chemin il s'écroula, et il fallut le rétablir. Nous avions de jeunes bœufs de trait que le tonnerre effrayait, et qui ne marchaient qu'à grands renforts d'aiguillon, et en soufflant d'épouvante comme des chevaux ombrageux. La bande des glaneurs et des glaneuses de foin nous avait attendus pour aider au chargement et pour soutenir de leurs râteaux l'édifice chancelant, que chaque ornière compromettait. Deschartres, armé de l'aiguillon, dont il se servait mal, *pestait, suait, jurait;* les métayers et leurs ouvriers se lamentaient avec exagération, comme s'il se fût agi de la retraite de Russie. C'est la manière de s'impatienter du paysan berrichon. La foudre roulait avec un fracas épouvantable, et le vent soufflait avec furie. On ne voyait plus à se conduire qu'à la lueur des éclairs, et le chemin était très-difficile. Les enfants avaient peur et pleuraient. Une de mes petites camarades était si démoralisée qu'elle ne voulait plus porter sa petite récolte, et l'aurait laissée au milieu du chemin si je ne m'en fusse chargée. Encore fallait-il la tirer elle-même par la main, car elle avait mis son tablier sur sa tête pour ne pas voir le *feu du ciel*, et elle se jetait dans tous les trous. Il était fort tard quand nous arrivâmes enfin par un vrai déluge. On était inquiet de nous à la maison. A la ferme on était inquiet des bœufs et du foin. Pour moi, cette scène champêtre m'avait ravie, et j'essayai le lendemain d'en écrire la description, mais je n'y réussis pas à mon gré, et je la déchirai sans la montrer à ma grand'mère. Chaque nouvel essai que je faisais de formuler mon émotion me dégoûtait pour longtemps de recommencer.

L'automne et l'hiver étaient le temps où nous nous amusions le mieux. Les enfants de la campagne y sont plus libres et moins occupés. En attendant les blés de mars, il y a des espaces immenses où leurs troupeaux peuvent errer sans faire de mal. Aussi se gardent-ils eux-mêmes tandis que les pastours, rassemblés autour de leur feu en plein vent, devisent, jouent, dansent, ou se racontent des histoires. On ne s'imagine pas tout ce qu'il y a de merveilleux dans la tête de ces enfants qui vivent au milieu des scènes de la nature sans y rien comprendre, et qui ont l'étrange faculté de voir par les yeux du corps tout ce que leur imagination leur représente. J'ai tant de fois entendu raconter à plusieurs d'entre eux, que je savais très-véridiques, et trop simples d'ailleurs pour rien inventer, les apparitions dont ils avaient été témoins, que je suis bien persuadée qu'ils n'ont pas *cru voir*, mais qu'ils ont *vu*, par l'effet d'un phénomène qui est particulier aux organisations rustiques, les objets de leur épouvante. Leurs parents, moins simples qu'eux, et quelquefois même incrédules, étaient sujets aussi à ces visions.

J'ai donc toujours pensé que ces phénomènes mériteraient d'être observés de plus près et analysés par la raison froide avec plus de conscience qu'ils ne l'ont encore été. Ce serait une étude utile pour l'intelligence de l'histoire et pour la connaissance de l'être humain, que les savants généralisent trop, selon moi. La race humaine a eu dans son enfance

CHAPITRE NEUVIÈME.

des facultés, ou si l'on veut des infirmités inhérentes à son état d'ignorance; mais dire que la superstition et la peur créent toujours ces fantômes n'est pas rigoureusement vrai. J'ai vu des paysans qui n'étaient ni crédules ni peureux, et qui ont été saisis, au moment où ils s'y attendaient le moins, par l'hallucination particulière aux *gens de campagne*. On sait que cette hallucination se reproduit presque toujours sous la forme d'animaux fantastiques. J'ai rassemblé dans quelques articles publiés par l'*Illustration*, les diverses croyances de notre vallée Noire, et j'ai raconté les apparitions de *la grand'bête*.

Je n'y reviendrai pas, mais je dois avouer ici que j'ai cru longtemps que cette bête existait. Dans mes explications enfantines, je voulais qu'il y eût quelque espèce d'animal dont la race presque entièrement détruite ne comptait plus que des individus fort rares, et particulièrement retirés dans nos campagnes, où les *pâturaux*[1] leur offraient une

---

[1] Le *pâtural* est un dernier vestige de la vie pastorale et nomade, et n'existe plus guère que dans les parties centrales de la France. C'est un vaste enclos abandonné de temps immémorial au caprice de la nature. En général, ce sont d'excellentes terres dont le défrichement ou la culture seraient très-lucratifs; mais le fermier et le métayer n'entendent point à cela. Ils pensent que leurs bœufs ne sauraient profiter sans cette espèce de pâturage, qui pourtant est fort maigre et peu favorable à la locomotion des animaux. Ce sont de grands

retraite plus sûre qu'ailleurs, car la bête se montre surtout dans ces endroits-là, la nuit, à l'heure où on va chercher les bœufs, entre une et deux heures, pour les lier. Je supposais que cette bête était noctambule, amphibie peut-être, et qu'elle pouvait bien se tenir cachée sous les eaux pendant le jour ; que les savants et les gens du monde pouvaient ne pas se douter de son existence, et que la frayeur empêchait les paysans de l'observer assez pour en donner une idée exacte ; enfin je me plaisais à cette supposition que l'antique création avait encore quelques ébauches vivantes et errantes sur la terre, êtres isolés et malheureux, destinés à disparaître

terrains fermés de haies impénétrables et tout remplis de broussailles, avec une fosse creusée et plantée dans un coin. On peut étudier là le terrain primitif ; car, très-probablement, jamais ces espaces n'ont été défrichés. Ils sont vierges de toute culture, et la végétation, quoique abondante, n'y fait aucun progrès ; les arbrisseaux y restent courts ; la ronce et l'épine noire y abondent ; l'herbe n'y pousse ni belle ni bonne ; les animaux n'y ont donc pas même l'avantage de l'ombre et de la fraîcheur. C'est, il est vrai, en l'absence de prairies artificielles, un moyen de tenir les bœufs à l'air pendant tout l'été, la nuit comme le jour. Les prairies naturelles se fauchent tard dans la saison, et ont encore besoin de n'être pas livrées à la pâture pendant une autre partie de l'été si l'on veut avoir des regains. Mais pourquoi le paysan de chez nous préfère-t-il le pâtural à la prairie artificielle ? C'est que c'est la coutume de ses pères, et cette coutume est une affaire de paresse.

CHAPITRE NEUVIÈME.

bientôt, incapables peut-être de supporter la clarté du jour, et si fatigués de leur misérable condition qu'ils s'attachaient aux pas de l'homme, comme pour lui demander un refuge et la servitude. Mais l'homme refusait de les apprivoiser et de les utiliser. Il en avait peur et il essayait de les tuer : mais on sait que la *bête renvoie* le plomb et la balle. « Preuve, disais-je à Deschartres, que c'est un animal antédiluvien et dont la peau ou l'écaille ne sont pas de la même nature que celles de toutes les bêtes que nous connaissons. Peut-être cette bête vit-elle plusieurs siècles, peut-être même n'y en a-t-il plus qu'une seule dans l'univers, c'est ce qui fait qu'on ne trouve pas de dépouilles qu'on puisse étudier et comparer avec l'individu vivant. Enfin je faisais sur cette bête tout un roman zoologique qui faisait beaucoup rire le savant Deschartres.

Il y a quelque chose de plus simple, me disait-il, et qui explique tout. La bête n'existe pas, personne ne l'a jamais vue, mais tout le monde y croit par imbécillité, et c'est le propre de ceux qui subissent l'ascendant du mensonge, de vouloir aussitôt le faire subir à leur tour. Quand un paysan est persuadé que son père a vu la *bête*, il faut qu'il persuade à son fils qu'il l'a vue aussi, et ils se mentent les uns aux autres de génération en génération.

L'explication de Deschartres ne valait pas mieux que la mienne ; j'ai eu de la peine à me persuader que la bête n'existait pas, mais enfin je crois en être bien sûre maintenant, elle n'existe pas ; mais le paysan n'entretient pas ce mensonge de père en fils pour le plaisir de transmettre une erreur et de léguer l'épouvante dont il a hérité. L'animal primitif que je rêvais, c'est le paysan. Il n'a pas la même organisation que l'animal plus civilisé, plus raisonnable, mais moins poëte et moins sincère, qu'une autre éducation et les habitudes d'un autre milieu ont modifié. Le paysan n'a d'autre histoire que la tradition et la légende. Son cerveau n'est pas semblable à celui de l'habitant originaire des cités. Il a la faculté de transmettre à ses sens la perception des objets de sa croyance, de sa rêverie, ou de sa méditation. C'est ainsi que Jeanne d'Arc entendait bien réellement les voix célestes qui lui parlaient. C'est être impie envers l'humanité que de l'accuser d'imposture. Elle était hallucinée, et pourtant elle n'était pas folle. Tous ces paysans qui m'ont raconté leurs visions, et que je connais depuis que j'existe, ne sont ni fous ni lâches ; plusieurs sont des hommes très-positifs et très-courageux, il en est même de très-sceptiques à beaucoup d'égards. Il y a de vieux soldats qui ont fait les campagnes de l'empire, dont l'intelligence s'est développée au service, qui savent lire, écrire et compter ; tout cela n'empêche pas qu'ils n'aient vu la bête et qu'ils ne la voient encore.

CHAPITRE NEUVIÈME.

J'ai été témoin d'un de ces faits d'hallucination. Je revenais de Saint-Chartier, et le curé m'avait donné une paire de pigeons qu'il mit dans un panier et dont il chargea son enfant de chœur, en lui disant de m'accompagner. C'était un garçon de quatorze à quinze ans, grand, fort, d'une santé excellente, d'un esprit très-calme et très-lucide. Le curé lui donnait de l'instruction, et il a été depuis maître d'école. Il savait dès lors moins de français peut-être, mais plus de latin que moi, à coup sûr. C'était donc un paysan dégrossi et très-intelligent.

Nous sortions de vêpres, il était environ trois heures ; c'était en plein été, par le plus beau temps du monde ; nous prîmes les sentiers de traverse parmi les champs et les prairies, et nous causions fort tranquillement. Je l'interrogeais sur ses études. Il avait l'esprit parfaitement libre et dispos ; il s'arrêta auprès d'un buisson pour mettre un brin d'osier à son sabot qui s'était cassé. « Allez toujours, me dit-il, je vous rattraperai bien. » Je continuai donc à marcher ; mais je n'avais pas fait trente pas que je le vois accourir, pâle, les cheveux comme hérissés sur le front. Il avait laissé sabots, panier et pigeons là où il s'était arrêté. Il avait vu, au moment où il était descendu dans le fossé, un homme affreux qui l'avait menacé de son bâton.

Je le crus d'abord, et je me retournai pour voir si cet homme nous suivait ou s'il s'en allait avec nos pigeons ; mais je vis distinctement le panier et les sabots de mon compagnon, et pas un être humain sur le sentier ni dans le champ, ni auprès, ni au loin.

J'avais à cette époque dix-sept ou dix-huit ans et je n'étais plus du tout peureuse. « C'est, dis-je à l'enfant, un pauvre vagabond qui meurt de faim et qui a été tenté par nos pigeons. Il se sera caché dans le fossé. Allons voir ce que c'est. — Non, répondit-il, quand on me couperait par morceaux. — Comment, repris-je, un grand et fort garçon comme te voilà a peur d'un homme tout seul? Allons, coupe un bâton, et viens avec moi rechercher nos pigeons. Je ne prétends pas les laisser là. — Non, non, demoiselle, je n'irai pas, s'écria-t-il, car je le verrais encore, et je ne veux plus le voir. Les bâtons et le courage n'y feraient rien, puisque ce n'est pas un *homme humain*. C'est plutôt *fait comme une bête.* »

Je commençais à comprendre, et j'insistai d'autant plus pour le ramener avec moi à son panier et à ses sabots. Rien ne put l'y faire consentir. J'y allai seule, en lui disant au moins de me suivre des yeux, pour bien s'assurer qu'il avait rêvé. Il me le promit, mais quand je revins avec les sabots et les pigeons, mon drôle avait pris sa course et me les laissa fort bien porter jusqu'aux premières maisons du village, où il arriva avant moi. J'essayai de lui faire honte. Ce fut bien inutile. C'est lui qui se moqua de mon incrédulité, et qui trouva que j'étais folle de braver un loup-garou pour ravoir deux malheureux pigeons.

Le beau courage que j'eus en cette rencontre, je ne l'aurais probablement pas eu trois ans plus tôt, car à l'époque où je passais une bonne moitié de ma vie avec les pastours, je confesse que leurs terreurs m'avait gagnée, et que, sans croire précisément au follet, aux revenants et à *Georgeon*, le diable de la vallée Noire, j'avais l'imagination vivement impressionnée par ces fantômes. Mais je n'étais pas de la race rustique et je n'eus jamais la moindre hallucination. J'eus beaucoup de visions d'objets et de figures dans la rêverie, presque jamais dans la frayeur ; et même, dans ce dernier cas, je ne fus jamais dupe de moi-même. La tendance sceptique de l'enfant de Paris luttait encore en moi contre la crédulité de l'enfant en général.

Ce qui achevait de me troubler la cervelle, c'étaient les contes de la veillée lorsque les chanvreurs venaient broyer. Pour éloigner de la maison le bruit et la poussière de leur travail, et comme la moitié du hameau voulait écouter leurs histoires, on les installait à la petite porte de la cour qui donne sur la place, tout à côté du cimetière, dont on voyait les croix au clair de la lune par-dessus un mur très-bas. Les vieilles femmes relayaient les narrateurs. J'ai raconté ces scènes rustiques dans mes romans.

Mais je ne saurais jamais raconter cette foule d'histoires merveilleuses et saugrenues que l'on écoutait avec tant d'émotion et qui avaient toutes le caractère de la localité ou des diverses professions de ceux qui les avaient rapportées. Le sacristain avait sa poésie à lui, qui jetait du merveilleux sur les choses de son domaine, les sépultures, les cloches, la chouette, le clocher, les rats du clocher, etc. Tout ce qu'il attribuait à ces rats de mystérieuses sorcelleries remplirait un volume. Il les connaissait tous, il leur avait donné les noms des principaux habitants morts dans le bourg depuis une quarantaine d'années. A chaque nouveau mort, il voyait surgir un nouveau rat qui s'attachait à ses pas et le tourmentait par ses grimaces. Pour apaiser ces mânes étranges, il leur portait des graines dans le clocher ; mais, en y retournant le lendemain, il trouvait les plus bizarres caractères tracés par ces rats suspects avec les graines mêmes qu'il leur avait offertes. Un jour il trouvait tous les haricots blancs rangés en cercle avec une croix de haricots rouges au centre. Le jour suivant, c'était la combinaison contraire. Une autre fois, les blancs et les rouges alternés systématiquement formaient plusieurs cercles enchaînés, ou des lettres inconnues, mais si bien dessinées, qu'on aurait juré l'ouvrage d'une *personne humaine*. Il n'est point d'animaux insignifiants, il n'est point d'objets inanimés que le paysan ne fasse entrer dans son monde fantastique, et le christianisme du moyen âge, qui est encore le sien, est tout aussi fécond en personnifications mythologiques que les religions antérieures.

J'étais avide de tous ces récits, j'aurais passé la nuit à les entendre, mais ils me faisaient beaucoup de mal ; ils m'ôtaient le sommeil. Mon frère, plus âgé que moi de cinq ans, en avait été plus affecté encore, et son exemple me confirma dans la croyance où je suis que les races d'origine rustique ont la faculté de l'hallucination. Il tenait à cette race par sa mère, et il avait des visions, tandis que, malgré la fièvre de peur et les rêves sinistres de mon sommeil, je n'en avais pas. Vingt ans plus tard, il m'affirmait sous serment avoir entendu claquer le fouet du follet dans les écuries, et le battoir des lavandières de nuit au bord des sources. C'est de lui que j'ai parlé dans les articles intitulés *Visions de la nuit dans les campagnes*, et ses récits étaient d'une sincérité complète. Dans les dangers réels, il était plus que courageux, il était téméraire. Dans son âge mûr comme dans son enfance, il a toujours eu comme une habitude de mépriser la vie. Du moins il exposait la sienne à tout propos et pour la moindre affaire. Mais que vous dirai-je ? Il tenait au terroir, il était halluciné, il croyait aux choses surnaturelles.

J'ai dit que l'automne et l'hiver étaient nos saisons les plus gaies ; j'ai toujours aimé passionnément l'hiver à la campagne, et je n'ai jamais compris le goût des riches, qui a fait de Paris le séjour des fêtes dans la saison de l'année la plus ennemie des bals, des toilettes et de la dissipation. C'est au coin du feu que la nature nous convie en hiver à la vie de famille, et c'est aussi en pleine campagne que les rares beaux jours de cette saison peuvent se faire sentir et goûter. Dans les grandes villes de nos climats, cette affreuse boue puante et glacée ne sèche presque jamais. Aux champs, un rayon de soleil ou quelques heures de vent rendent l'air sain et la terre propre. Les pauvres prolétaires des cités le savent bien, et ce n'est pas pour leur agrément qu'ils restent dans ce cloaque. La vie factice et absurde de nos riches s'épuise à lutter contre la nature. Les riches anglais l'entendent mieux, ils passent l'hiver dans leurs châteaux.

On s'imagine à Paris que la nature est morte pendant six mois, et pourtant les blés poussent dès l'automne, et le *pâle soleil* des hivers, on est convenu de l'appeler comme cela, est le plus vif et le plus brillant de l'année. Quand il dissipe les brumes, quand il se couche dans la pourpre étincelante des soirs de grande gelée, on a peine à soutenir l'éclat de ses rayons. Même dans nos contrées froides, et fort mal nommées *tempérées*, la création ne se dépouille jamais d'un air de vie et de parure.

Les grandes plaines fromentales se couvrent de ces tapis courts et frais, sur lesquels le soleil, bas à l'horizon, jette de grandes flammes d'émeraude. Les prés se revêtent de mousses magnifiques, luxe tout gratuit de l'hiver. Le lierre, ce pampre inutile, mais somptueux, se marbre de tons d'écarlate et d'or. Les jardins mêmes ne sont pas sans richesse. La primevère, la violette et la rose de Bengale rient sous la neige. Certaines autres fleurs, grâce à un accident de terrain, à une disposition fortuite, survivent à la gelée et vous causent à chaque instant une agréable surprise. Si le rossignol est absent, combien d'oiseaux de passage, hôtes bruyants et superbes, viennent s'abattre ou se reposer sur le faîte des grands arbres ou sur le bord des eaux ! Et qu'y a-t-il de plus beau que la neige, lorsque le soleil en fait une nappe de diamants, ou lorsque la gelée se suspend aux arbres en fantastiques arcades, en indescriptibles festons de givre et de cristal ? Et quel plaisir n'est-ce pas de se sentir en famille, auprès d'un bon feu, dans ces longues soirées de campagne, où l'on s'appartient si bien les uns aux autres, où le temps même semble nous appartenir, où la vie devient toute morale et tout intellectuelle en se retirant en nous-mêmes ?

L'hiver, ma grand'mère me permettait d'installer ma *société* dans la grande salle à manger, qu'un vieux poêle réchauffait au mieux. Ma société, c'était une vingtaine d'enfants de la commune qui apportaient là leurs *saulnées*. La saulnée est une ficelle incommensurable, toute garnie de crins disposés en nœuds coulants pour prendre les alouettes et menus oiseaux des champs en temps de neige. Une belle saulnée fait le tour d'un champ. On la roule sur des dévidoirs faits exprès, et on la tend avant le lever du jour dans les endroits propices. On balaye la neige tout le long du sillon, on y jette du grain, et, deux heures après, on y trouve les alouettes prises par centaines. Nous allions à cette récolte avec de grands sacs que l'âne rapportait pleins. Comme il y avait de graves contestations pour les partages, j'avais établi le régime de l'association, et l'on s'en trouva fort bien. Les saulnées ne peuvent servir plus de deux ou trois jours sans être regarnies de crins (car il s'en casse beaucoup dans les chaumes), et sans qu'on fasse le *rebouclage,* c'est-à-dire le nœud coulant à chaque crin dénoué. Nous convînmes donc que ce long et minutieux travail se ferait en commun, comme celui de l'installation des saulnées, qui exige aussi un balayage rapide et fatigant. On se partageait, sans compter et sans mesurer, la corde et le crin ; le crin était surtout la denrée précieuse, et c'était en commun aussi qu'on en faisait la maraude : cela consistait à aller dans les prés et dans les étables arracher de la queue et de la crinière des chevaux tout ce que ces animaux voulaient bien nous en laisser prendre sans entrer en révolte. Aussi nous étions devenus bien adroits à ce métier-là, et nous arrivions à éclaircir la chevelure des poulains en liberté, sans nous laisser atteindre par les ruades les plus fantastiques. L'ouvrage se faisait entre nous tous avec une rapidité surprenante, et nous avons été jusqu'à regarnir deux ou trois cents brasses dans une soirée. Après la chasse venait le triage. On mettait d'un côté les alouettes, de l'autre les oiseaux de moindre valeur. Nous prélevions pour notre régal du dimanche un certain choix, et l'un des enfants allait vendre le reste à la ville, après quoi je partageais l'argent entre eux tous. Ils étaient fort contents de cet arrangement, et il n'y avait plus de disputes et de méfiance entre eux. Tous les jours notre association recrutait de nouveaux adhérents, qui préféraient ce bon accord à leurs querelles et à leurs batailles. On ne pensait plus à se lever avant les autres pour aller dépouiller la saulnée des camarades, et la journée du dimanche était une véritable fête. Nous faisions nous-mêmes notre cuisine de volatiles. Rose était de bonne humeur ces jours-là, car elle était gaie et bonne fille quand elle n'était pas furibonde. La cuisinière faisait l'esprit fort à l'endroit de notre cuisine, le père Saint-Jean seul faisait la grimace et prétendait que la queue de son cheval blanc diminuait tous les jours. Nous le savions bien.

A travers tous ces jeux le roman de Corambé continuait à se dérouler dans ma tête. C'était un rêve permanent, aussi décousu, aussi incohérent que les rêves du sommeil, et dans lequel je ne me retrouvais que parce qu'un même sentiment le dominait toujours.

Ce sentiment ce n'était pas l'amour. Je savais par les livres que l'amour existe dans la vie et qu'il est le fond et l'âme de tous les romans et de tous les poëmes. Mais, ne sentant en moi rien qui pût m'expliquer pourquoi un être s'attachait exclusivement à la poursuite d'un autre être, dans cet ordre d'affections inconnues, hiéroglyphiques pour ainsi dire, je me préservais avec soin d'entraîner mon roman sur ce terrain glacé pour mon imagination. Il me semblait que si j'y introduisais des *amants* et des *amantes,* il deviendrait banal, ennuyeux pour moi, et que je ferais, des personnages charmants avec lesquels je passais ma vie, des êtres de convention comme ceux que je trouvais souvent dans les livres, ou, tout au moins, des étrangers occupés d'un secret auquel je ne pouvais m'intéresser, puisqu'il ne répondait à aucune émotion que j'eusse éprouvée par moi-même. En revanche, l'amitié, l'amour filial ou fraternel, la sympathie, l'attrait le plus pur, régnaient dans cette sorte de monde enchanté : mon cœur comme mon imagination étaient tout entiers dans cette fantaisie, et quand j'étais mécontente de quelque chose ou de quelqu'un dans la vie réelle, je pensais à Corambé avec presque autant de confiance et de consolation qu'à une vérité démontrée.

J'en étais là lorsqu'on m'annonça que dans trois mois j'aurais à faire ma première communion.

C'était une situation encore plus embarrassante pour ma bonne maman que pour moi. Elle ne voulait pas me donner une éducation franchement philosophique. Tout ce qui eût pu être taxé d'excentricité lui répugnait ; mais, en même temps qu'elle subissait l'empire de la coutume, et qu'au début de la restauration elle n'eût pu s'y soustraire sans un certain scandale, elle craignait que ma nature enthousiaste ne se laissât prendre à la superstition, dont elle avait décidément horreur. Elle prit donc le parti de me dire qu'il fallait faire cet acte de bienséance très-décemment, mais me bien garder d'outrager la sagesse divine et la raison humaine jusqu'à croire que j'allais *manger mon Créateur.*

Ma docilité naturelle fit le reste. J'appris le catéchisme comme un perroquet, sans chercher à le comprendre et sans songer à en railler les mystères, mais bien décidée à n'en pas croire, à n'en pas retenir un mot aussitôt que *l'affaire serait bâclée,* comme on disait chez nous. La confession me causa une extrême répugnance. Ma grand'mère, qui savait que le bon curé de Saint-Chartier parlait et pensait un peu crûment, me confia à un autre bon vieux curé, celui de la Châtre, qui avait plus d'éducation, et qui, je dois le dire, respecta l'ignorance de mon âge et ne m'adressa aucune de ces questions infâmes par lesquelles il arrive souvent au prêtre de souiller, sciemment ou non, la pudeur de l'enfance. On ne mit entre mes mains aucun formulaire, aucun examen de conscience, et on me dit simplement d'accuser les fautes dont je me sentais coupable.

Je me trouvai fort embarrassée. J'en voyais bien quelques-unes, mais il me semblait que ce n'était pas assez pour que M. le curé pût s'en contenter. D'abord j'avais menti une fois à ma mère pour sauver Rose, et souvent depuis à Deschartres pour sauver Hippolyte. Mais je n'étais pas menteuse, je n'avais aucun besoin de l'être, et Rose elle-même, me brutalisant toujours avant de m'interroger, ne faisait pas de ma servitude une nécessité de dissimulation. J'avais été un peu gourmande, mais il y avait si longtemps que je m'en souvenais à peine. J'avais toujours vécu au milieu de personnes si chastes, que je n'avais même pas l'idée de quelque chose de contraire à la chasteté. J'avais été irritable et violente ; depuis que je me portais bien, je n'avais plus sujet de l'être. De quoi donc pouvais-je m'accuser, à moins que ce ne fût d'avoir préféré parfois le jeu à l'étude, d'avoir déchiré mes robes et perdu mes mouchoirs, griefs que ma bonne qualifiait d'*enfance terrible?*

En vérité, je ne sais pas de quoi peut s'accuser un enfant de douze ans, à moins que le malheureux n'ait été déjà souillé par des exemples et des influences hideuses, et dans ce cas-là c'est la confession d'autrui qu'il a à faire.

J'avais si peu de choses à dire, que cela ne valait pas la peine de déranger un curé ; le mien s'en contenta et me donna pour pénitence de réciter l'oraison dominicale en sortant du confessionnal. Cela me parut fort doux ; car cette prière est belle, sublime et simple, et je l'adressai à Dieu de tout mon cœur ; mais je ne me sentais pas moins humiliée de m'être agenouillée devant un prêtre pour si peu.

Au reste, jamais première communion ne fut si lestement expédiée. J'allais une fois par semaine à la Châtre. Le curé me faisait une petite instruction de cinq minutes ; je savais mon catéchisme sur le bout du doigt dès la première semaine. La veille du jour fixé, on m'envoya passer la soirée et la nuit chez une bonne et charmante dame de nos amies. Elle avait deux enfants plus jeunes que moi. Sa fille Laure, belle et remarquable personne à tous égards, a épousé depuis mon ami Fleury, fils de Fleury l'ami de mon père. Il y avait encore d'autres enfants dans la maison ; je m'y amusai énormément, car on joua à toutes sortes de jeux sous l'œil des bons parents, qui prirent part à notre innocente gaieté, et j'allai dormir si fatiguée d'avoir ri et sauté que je ne me souvenais plus du tout de la solennité du lendemain.

Madame Decerfz, cette charmante et excellente femme qui voulait bien m'accompagner à l'église dans *mes dévotions*, m'a souvent rappelé depuis combien j'étais folle et bruyante lorsque je me trouvais dans sa famille au retour de l'église. Sa mère, une bien excellente femme aussi, lui disait alors : « Mais voilà un enfant bien peu recueilli, et ce n'est pas ainsi que de mon temps on se préparait aux sacrements. — Je ne lui vois faire aucun mal, répondait madame Decerfz : elle est gaie, donc elle a la conscience bien légère, et le rire des enfants est une musique pour le bon Dieu. »

Le lendemain matin, ma grand'mère arriva. Elle s'était décidée à assister à ma première communion, non sans peine, je crois ; car elle n'avait pas mis le pied dans une église depuis le mariage de mon père. Madame Decerfz me dit de lui demander sa bénédiction et le pardon des déplaisirs que je pouvais lui avoir causés, ce que je fis de meilleur cœur que devant le prêtre. Ma bonne maman m'embrassa et me conduisit à l'église.

Aussitôt que j'y fus, je commençai à me demander ce que j'allais faire ; je n'y avais pas encore songé. Je me sentais si étonnée de voir ma grand'mère dans une église! Le curé m'avait dit qu'il fallait croire, sinon commettre un sacrilége; je n'avais pas le moindre désir d'être sacrilége, pas la plus légère velléité de révolte ou d'impiété, mais je ne croyais pas. Ma bonne maman m'avait empêchée de croire, et cependant elle m'avait ordonné de communier. Je me demandai si elle et moi nous ne faisions pas un acte d'hypocrisie, et, bien que j'eusse l'air aussi calme et aussi sérieux que j'avais paru insouciante et dissipée la veille, je me sentis fort mal à l'aise, et j'eus deux ou trois fois la pensée de me lever et de dire à ma grand'mère : « En voilà assez; allons-nous-en. »

Mais tout à coup il me vint à l'esprit un commentaire qui me calma. Je repassai la cène de Jésus dans mon esprit, et ces paroles : « *Ceci est mon corps et mon sang* » ne me parurent plus qu'une métaphore; Jésus était trop saint et trop grand pour avoir voulu tromper ses disciples. Il les avait conviés à un repas fraternel, il les avait invités à rompre le pain ensemble en mémoire de lui. Je ne sentis plus rien de moquable dans l'institution de la cène, et me trouvant à la balustrade auprès d'une vieille pauvresse qui reçut dévotement l'hostie avant moi, j'eus la première idée de la signification de ces agapes de l'égalité dont l'Église avait, selon moi, méconnu ou falsifié le symbole.

Je revins donc fort tranquille de la sainte table,

et le contentement d'avoir trouvé une solution à ma petite anxiété donna, m'a-t-on dit depuis, une expression nouvelle à ma figure. Ma grand'mère, attendrie et effrayée, partagée peut-être entre la crainte de m'avoir rendue dévote et celle de m'avoir fait mentir à moi-même, me pressa doucement contre son cœur quand je revins auprès d'elle, et laissa tomber des larmes sur mon voile.

Tout cela fut énigmatique pour moi ; j'attendais qu'elle me donnât, le soir, une explication sérieuse de l'acte qu'elle m'avait fait accomplir et de l'émotion qu'elle avait laissée paraître. Il n'en fut rien. On me fit faire une seconde communion huit jours après, et puis, on ne me reparla plus de religion, il n'en fut pas plus question que si rien ne s'était passé.

Aux grandes fêtes, on m'envoyait encore à la Châtre pour voir les processions et assister aux offices. C'était des occasions que je faisais valoir moi-même, parce que je passais ces jours-là dans la famille Decerfz, où je m'ébattais avec les enfants, et où j'étais si gâtée que je mettais tout sens dessus dessous, cassant tout, les meubles, les poupées et même quelque peu les enfants, trop débiles pour mes manières de paysanne.

Quand je revenais à la maison, fatiguée de ces ébats, je retombais dans mes accès de mélancolie. Je me replongeais dans la lecture, et ma grand'mère avait bien un peu de peine à me remettre au travail réglé. Rien ne ressemble plus à l'artiste que l'enfant. Il a ses veines de labeur et de paresse, ses soifs ardentes de production, ses lassitudes pleines de dégoût. Ma grand'mère n'avait jamais eu le caractère de l'artiste, bien qu'elle en eût certaines facultés ; j'ignore si elle avait eu une enfance. C'était une nature si calme, si régulière, si unie, qu'elle ne comprenait pas les engouements et les défaillances de la mienne. Elle me donnait si peu de besogne (et c'était là le mal), qu'elle s'étonnait de m'en voir accablée parfois, et comme, en d'autres jours, j'en faisais volontairement quatre fois davantage, elle m'accusait de caprice et de résistance raisonnée. Elle se trompait, je ne me gouvernais pas moi-même, voilà tout. Elle me grondait toujours avec affection, mais avec une certaine amertume, et elle avait tort : elle voulait m'obliger à me vaincre, m'habituer à me régulariser, et en cela elle avait raison.

Comme par-dessus tout elle me gâtait, elle me laissa prendre un genre de dissipation qui me tourna la tête pendant tout l'été qui suivit ma première communion. Il vint à la Châtre une troupe de comédiens ambulants, une assez bonne troupe, par parenthèse, qui donnait le mélodrame, la comédie, le vaudeville et surtout l'opéra-comique. Il y avait de bonnes voix, assez d'ensemble, un premier chanteur et deux chanteuses qui ne manquaient pas de talent. Cette troupe était vraiment trop distinguée pour le misérable local des représentations. C'était la même salle où mon père avait joué la comédie avec nos amis les Duvernet, une ancienne église de couvent, où l'on voyait encore les dessins des ogives mal recouvertes d'un plâtre plus frais que celui des murailles, le tout surmonté d'un plafond de solives brutes posé après coup, et meublé de mauvais bancs de bois en amphithéâtre. N'importe, les dames de la ville venaient s'y asseoir en grande toilette, et quand tout cela était couvert de fleurs et de rubans on ne voyait plus la nudité et la malpropreté de la salle. Les amateurs de l'endroit, à la tête desquels était encore M. Duvernet, composaient un orchestre très-satisfaisant. On était encore artiste en province dans ce temps-là. Il n'y avait si pauvre et si petite localité où l'on ne trouvât moyen d'organiser un bon quatuor, et toutes les semaines on se réunissait, tantôt chez un amateur, tantôt chez l'autre, pour faire ce que les Italiens appellent *musica di camera* (musique de chambre), honnête et noble délassement qui a disparu avec les vieux virtuoses, derniers gardiens du feu sacré dans nos provinces.

J'adorais toujours la musique, bien que ma bonne maman me négligeât sous ce rapport, et que M. Gayard m'inspirât de plus en plus le dégoût de l'étudier à sa manière. Il arrivait bien rarement à ma grand'mère de poser ses doigts blancs et paralysés sur le vieux clavecin, et de chevroter ces ma-

CHAPITRE NEUVIÈME.

jestueux fragments des vieux maîtres qu'elle chevrotait mieux que personne ne les eût chantés. J'avais presque oublié que j'étais née musicienne aussi, et que je pouvais sentir et comprendre ce que les autres peuvent exprimer ou produire. La première fois qu'on m'envoya entendre la comédie à la Châtre, nos chanteurs ambulants donnèrent *Aline, reine de Golconde*. J'en revins transportée et sachant presque l'opéra par cœur, chant, paroles, accompagnements, récitatifs. Une autre fois ce fut *Montano et Stéphanie;* puis *le Diable à quatre, Adolphe et Clara, Gulistan, Ma tante Aurore, Jeannot et Colin,* que sais-je? toutes les jolies, faciles, chantantes et gracieuses opérettes de ce temps-là. Je repris fureur à la musique, et je chantais le jour en réalité, la nuit en rêve. La musique avait tout poétisé pour moi dans ces représentations, où madame Duvernet avait l'obligeance de me conduire toutes les semaines. Je ne me souvenais plus d'avoir vu de belles salles de spectacle et des acteurs de premier ordre à Paris. Il y avait si longtemps de cela, que la comparaison ne me gênait point. Je ne m'apercevais pas de la misère des décors, de l'absurdité des costumes ; mon imagination et le prestige de la musique suppléant à tout ce qui manquait, je croyais assister aux plus beaux, aux plus somptueux, aux plus complets spectacles de l'univers, et ces comédiens de campagne, chantant et déclamant dans une grange, m'ont fait autant de plaisir et de bien que, depuis, les plus grands artistes de l'Europe sur les plus nobles scènes du monde.

Madame Duvernet avait une nièce nommée Brigitte, aimable, bonne et spirituelle enfant avec laquelle je fus bientôt intimement liée. Avec le plus jeune fils de la maison, Charles (mon vieux ami d'aujourd'hui), et deux ou trois autres personnages de la même gravité (je crois que le doyen de tous n'avait pas quinze ans), nous passions dans des jeux absorbants ces heureuses journées qui précédaient la comédie. Comme tout nous était spectacle, même les fêtes religieuses du matin, nous représentions alternativement la messe et la comédie, la procession et le mélodrame. Nous nous affublions des chiffons de la mère, qu'on mettait au pillage, nous faisions avec des fleurs, des miroirs, des dentelles et des rubans, tantôt des décors de théâtre, tantôt des chapelles, et nous chantions ensemble à tue-tête tantôt des chœurs d'opéra-comique, tantôt la messe et les vêpres. Tout cela accompagné des cloches qui sonnaient à toute volée presque sur le toit de la maison, des instruments des amateurs qui répétaient en bas l'ouverture et les accompagnements qu'on allait jouer le soir, et des hurlements des chiens d'alentour qui avaient mal aux nerfs : c'était la plus étrange cacophonie et en même temps la plus joyeuse. Enfin l'heure du dîner arrivait ; on dépouillait vite les costumes improvisés. Charles ôtait à la hâte le jupon brodé de sa mère, dont il s'était fait un surplis. Il fallait repeigner les longs cheveux noirs de Brigitte. Je courais cueillir dans le petit jardin les bouquets de la soirée. On se mettait à table avec grand appétit ; mais Brigitte et moi nous ne pouvions pas manger, tant l'impatience et la joie d'aller au spectacle nous serraient l'estomac.

Heureux temps où l'on s'amuse, où l'on s'éprend, où l'on se passionne à si bon marché, êtes-vous passés sans retour pour mes amis et pour tous ceux qui ne sont plus jeunes? Me voilà assez vieille, et, pourtant, à beaucoup d'égards, j'ai eu cette grâce du bon Dieu de rester enfant. Le spectacle m'amuse encore quelquefois comme si j'avais encore douze ans, et j'avoue que ce sont les spectacles les plus naïfs, les mimodrames, les féeries, qui me divertissent si fort. Il m'arrive encore quelquefois, lorsque j'ai passé un an loin de Paris, de dîner à la hâte avec mes enfants et mes amis, et d'avoir un certain battement de cœur au lever du rideau. Je laisse à peine aux autres le temps de manger, je m'impatiente contre le fiacre qui va trop lentement, je ne veux rien perdre, je veux comprendre la pièce, quelque stupide qu'elle soit. Je ne veux pas qu'on me parle, tant je veux écouter et regarder. On se moque de moi, et j'y suis insensible, tant ce monde de fictions qui pose devant moi trouve en moi un spectateur naïf et avide. Eh bien, je crois que dans la salle il se trouve bon nombre de gens tout aussi malheureux que je l'ai été, tout aussi amers dans leur appréciation de la vie et dans leur expérience des choses humaines, qui sont, sans oser l'avouer, tout aussi absorbés, tout aussi amusés, tout aussi enfants que moi. Nous sommes une race infortunée, et c'est pour cela que nous avons un impérieux besoin de nous distraire de la vie réelle par les mensonges de l'art; plus il ment, plus il nous amuse.

CHAPITRE DIXIÈME

Récit d'une profonde douleur que tout le monde comprendra. — Mouvement de dépit. — Délation de mademoiselle Julie. — Pénitence et solitude. — Soirée d'automne à la porte d'une chaumière. — On me brise le cœur. — Je me roidis contre mon chagrin et deviens tout de bon un *enfant terrible*. — Je retrouve ma mère. — Déception. — J'entre au couvent des Anglaises. — Origine et aspect de ce monastère. — La supérieure. — Nouveau déchirement. — La mère Alippe. — Je commence à apprécier ma situation et je prends mon parti. — Claustration absolue.

Malgré toutes ces distractions et tous ces étourdissements, je nourrissais toujours au fond de mon cœur une sorte de passion malheureuse pour ma mère absente. De notre cher roman, il n'était plus question le moins du monde, elle l'avait bien parfaitement oublié, mais moi j'y pensais toujours. Je protestais toujours, dans le secret de ma pensée, contre le sort que ma pauvre bonne maman tenait tant à m'assurer. Instruction, talents et fortune, je persistais à tout mépriser. J'aspirais à revoir ma mère, à lui reparler de nos projets, à lui dire que j'étais résolue à partager son sort, à être ignorante, laborieuse et pauvre avec elle. Les jours où cette résolution me dominait, je négligeais bien mes leçons, il faut l'avouer. J'étais grondée, et ma résolution n'en était que plus obstinée. Un jour que j'avais été réprimandée plus que de coutume, en sortant de la chambre de ma bonne maman, je jetai par terre mon livre et mes cahiers, je pris ma tête dans mes deux mains, et me croyant seule, je m'écriai : « Eh bien, oui, c'est vrai, je n'étudie pas parce que je ne veux pas. J'ai mes raisons. On les saura plus tard. »

Julie était derrière moi. « Vous êtes une mauvaise enfant, me dit-elle, et ce que vous pensez est pire que tout ce que vous faites. On vous pardonnerait d'être dissipée et paresseuse, mais puisque c'est par entêtement et par mauvaise volonté que vous mécontentez votre bonne maman, vous mériteriez qu'elle vous renvoyât chez votre mère.

— Ma mère ! m'écriai-je ; me renvoyer chez ma mère ! mais c'est tout ce que je désire, tout ce que je demande !

— Allons, vous n'y pensez pas, reprit Julie ; vous parlez comme cela parce que vous avez de la colère, vous êtes folle dans ce moment-ci. Je me garderai bien de répéter ce qui vient de vous échapper, car vous seriez bien désolée plus tard qu'on vous eût prise au mot.

— Julie, lui répondis-je avec véhémence, je vous

entends très-bien et je vous connais. Je sais que quand vous promettez de vous taire, c'est que vous êtes bien décidée à parler. Je sais que quand vous m'interrogez avec douceur et câlinerie, c'est pour m'arracher ce que je pense et pour l'envenimer aux yeux de ma bonne maman. Je sais que dans ce moment-ci vous m'excitez à dessein, et que vous profitez de ma colère et de mon ennui pour m'en faire dire encore plus. Eh bien, vous n'avez pas besoin de vous donner tant de peine. Ce que j'ai dans le cœur, vous le saurez, et je vous autorise à le faire savoir. Je ne veux plus rester ici, je veux retourner avec ma mère, et je ne veux plus qu'on me sépare d'elle. C'est elle que j'aime et que j'aimerai toujours, quoi qu'on fasse. C'est à elle seule que je veux obéir. Allez, dépêchez-vous, faites votre déposition, je suis prête à la signer.

La pauvre fille faisait-elle réellement auprès de moi le métier d'agent provocateur? Dans la forme, oui, dans le fond, non certainement. Elle ne me voulait que du bien. Elle n'avait pas de méchant plaisir à me faire gronder, elle s'affligeait avec ma grand'mère de ce qu'elles appelaient mon ingratitude. Comment eût-elle compris que ce n'était pas à l'affection que j'étais ingrate, mais à la fortune que j'étais rebelle? Ma grand'mère elle-même s'y trompait, Julie pouvait bien s'y tromper. Mais il est certain que cette fille avait dans le regard, dans la voix, dans toutes ses manières de procéder, une sorte de prudence insinuante qui sentait la ruse et la duplicité, et cela m'était souverainement antipathique.

Quoi qu'il en soit, c'était la première fois que je la poussais à bout et que j'irritais son amour-propre. Elle fut mortifiée, et elle eut vraiment un mouvement de vengeance, car elle alla sur-le-champ rapporter ma déclamation dans les termes les plus noirs. Elle fit là une mauvaise action, car elle frappait au cœur cette pauvre bonne maman, qui n'était guère de force à lutter contre de nouvelles douleurs maternelles. La moindre peine ravivait en elle la mémoire de son fils, et ses éternels regrets, et sa dévorante jalousie contre la femme qui lui avait disputé le cœur de ce fils adoré, et qui maintenant lui disputait le mien. Elle eut, j'en suis sûre, un chagrin mortel, et si elle me l'eût laissé voir, je serais tombée à ses pieds, j'aurais abjuré toutes mes rébellions, car j'ai toujours été d'une excessive faiblesse devant les douleurs que j'ai causées, et mes retours m'ont toujours plus liée que mes résistances ne m'avaient déliée. Mais on me cacha bien soigneusement l'émotion de ma bonne maman, et Julie, irritée personnellement contre moi, ne vint pas me dire : « Elle souffre, allez la consoler. »

On prit un mauvais système, on résolut de s'armer de rigueur, on crut m'effrayer en me prenant au mot, et mademoiselle Julie vint m'annoncer que j'eusse à me retirer dans ma chambre et à n'en pas sortir. « Vous ne reverrez plus votre grand'mère, me dit-elle, puisque vous la détestez. Elle vous abandonne ; dans trois jours vous partirez pour Paris.

— Vous en avez menti, lui répondis-je, menti avec méchanceté, je ne déteste pas ma grand'mère, je l'aime : mais j'aime mieux ma mère, et si l'on me rend à elle, je remercie le bon Dieu, ma grand'mère et même vous. »

Là-dessus je lui tournai le dos et montai résolûment à ma chambre. J'y trouvai Rose, qui ne savait pas ce qui venait de se passer et qui ne me dit rien. Je n'avais ni sali ni déchiré mes hardes ce jour-là, le reste la préoccupait fort peu. Je passai trois grands jours sans voir ma bonne maman. On me faisait descendre pour prendre mes repas quand elle avait fini les siens. On me disait d'aller prendre l'air au jardin quand elle était enfermée, et elle s'enfermait ou on l'enfermait bien littéralement, car lorsque je passais devant la porte de sa chambre, j'entendais mettre la barre de fer avec une sorte d'affectation, comme pour me dire que tout repentir serait inutile.

Les domestiques semblaient consternés, mais j'avais un air si hautain apparemment, que pas un n'osa me parler, pas même Rose, qui devinait peut-être bien qu'on s'y prenait mal et qu'on excitait mon amour pour ma mère au lieu de le refroidir. Deschartres, soit par système, soit par suite d'une appréciation analogue à celle de Rose, ne me parlait pas non plus. Il ne fut pas question de leçons ni d'études pendant ce temps d'expiation.

Voulait-on me faire sentir l'ennui de l'inaction ? on aurait dû me priver de livres, mais on ne me priva de rien, et, voyant la bibliothèque à ma disposition comme de coutume, je ne sentis pas la moindre envie de me distraire par la lecture. On ne désire que ce qu'on ne peut pas avoir.

Je passai donc ces trois jours dans un tête-à-tête assidu avec Corambé. Je lui racontai mes peines, et il m'en consola en me donnant raison. Je souffrais pour l'amour de ma mère, pour l'amour de l'humilité et de la pauvreté. Je croyais remplir un grand rôle, accomplir une mission sainte, et comme tous les enfants romanesques, je me drapais un peu dans mon calme et dans ma persévérance. On avait voulu m'humilier en m'isolant comme un lépreux dans cette maison où d'ordinaire tout me riait ; je ne m'en rehaussais que plus dans ma propre estime. Je faisais de belles réflexions philosophiques sur l'esclavage moral de ces valets qui n'osaient plus m'adresser la parole, et qui, la veille, se fussent mis à mes pieds parce que j'étais en faveur. Je comparais ma disgrâce à toutes les grandes disgrâces historiques que j'avais lues, et je me comparais moi-même aux grands citoyens des républiques ingrates, condamnés à l'ostracisme pour leurs vertus.

Mais l'orgueil est une sotte compagnie, et je m'en lassai en un jour. « C'est fort bête, tout cela, me dis-je, voyons clair sur les autres et sur moi-même, et concluons. On ne prépare pas mon départ, on n'a pas envie de me rendre à ma mère. On veut m'éprouver, on croit que je demanderai à rester ici. On ne sait pas combien je désire vivre avec elle, et il faut qu'on le voie. Restons impassible. Que ma claustration dure huit jours, quinze jours, un mois, peu importe. Quand on se sera bien assuré que je ne change pas d'idée, on me fera partir, et alors je m'expliquerai avec ma bonne maman ; je lui dirai que je l'aime, et je le lui dirai si bien qu'elle me pardonnera et me rendra son amitié. Pourquoi faut-il qu'elle me maudisse parce que je lui préfère celle qui m'a mise au monde et que Dieu lui-même me commande de préférer à tout ? Pourquoi croirait-elle que je suis ingrate parce que je ne veux pas être élevée à sa manière et vivre de sa vie ? A quoi lui suis-je utile ici ? Je la vois de moins en moins. La société de ses femmes lui semble plus nécessaire ou plus agréable que la mienne, puisque c'est avec elles qu'elle passe le plus de temps. Si elle me garde ici, ce n'est pas pour elle certainement, c'est pour moi. Eh bien, ne suis-je pas un être libre, libre de choisir la vie et l'avenir qui lui conviennent? Allons, il n'y a rien de tragique à ce qui m'arrive. Ma grand'mère a voulu, par pure bonté, me rendre instruite et riche : moi je lui en suis très-reconnaissante, mais je ne peux pas m'habituer à me passer de ma mère. Mon cœur lui sacrifie tous les faux biens joyeusement. Elle m'en saura gré, et Dieu m'en tiendra compte. Personne n'a sujet d'être irrité contre moi, et ma bonne maman le reconnaîtra si je puis parvenir jusqu'à elle et combattre les calomnies qui se sont glissées entre elle et moi. »

Là-dessus j'essayai d'entrer chez elle, mais je trouvai encore la porte barricadée, et j'allai au jardin. J'y rencontrai une vieille femme pauvre à qui l'on avait permis de ramasser le bois mort. « Vous n'allez pas vite, la mère, lui dis-je, pourquoi vos enfants ne vous aident-ils pas? — Ils sont aux champs, me dit-elle, et moi je ne peux plus me baisser pour ramasser ce qui est par terre, j'ai les reins trop vieux. » Je me mis à travailler pour elle, et comme elle n'osait toucher au bois mort sur pied, j'allai chercher une serpe pour abattre les arbrisseaux desséchés et faire tomber les branches des arbres à ma portée. J'étais forte comme une paysanne, je fis bientôt un abatis splendide. Rien ne passionne comme le travail du corps quand une idée ou un sentiment vous pousse. La nuit vint que j'étais encore à l'ouvrage, taillant, fagotant, liant, et faisant à la vieille une provision pour la semaine au lieu de sa provision de la journée qu'elle aurait eu peine à enlever. J'avais oublié de manger, et comme personne ne m'avertissait plus de rien, je ne songeais pas à me retirer. Enfin la faim me prit, la vieille était partie depuis longtemps. Je chargeai sur mes épaules un fardeau plus lourd que moi et je le portai à sa chaumière, qui était au bout du hameau. J'étais en nage et en sang, car la serpe m'avait plus d'une fois fendu les mains, et les ronces m'avaient fait une grande balafre au visage.

Mais la soirée d'automne était superbe et les merles chantaient dans les buissons. J'ai toujours aimé particulièrement le chant du merle; moins éclatant, moins original, moins varié que celui du rossignol, il se rapproche davantage de nos formes musicales, et il a des phrases d'une naïveté rustique qu'on pourrait presque noter et chanter en y mêlant fort peu de nos conventions. Ce soir-là ce chant me parut la voix même de Corambé qui me soutenait et m'encourageait. Je pliais sous mon fardeau; je sentis, tant l'imagination gouverne nos facultés, décupler ma force, et même une sorte de fraîcheur soudaine passer dans mes membres brisés. J'arrivai à la chaumière de la mère Blin comme les premières étoiles brillaient dans le ciel encore rose. « Ah! ma pauvre mignonne, me dit-elle, comme vous voilà fatiguée! vous prendrez du mal! —

Non, lui dis-je, mais j'ai bien travaillé pour vous, et cela vaut un morceau de votre pain, car j'ai grand appétit. » Elle me coupa, dans son pain noir et moisi, un grand morceau que je mangeai, assise sur une pierre à sa porte, tandis qu'elle couchait ses petits enfants et disait ses prières. Son chien efflanqué (tout paysan, si pauvre qu'il soit, a un chien, ou plutôt une ombre de chien qui vit de maraude et n'en défend pas moins le misérable logis où il n'est pas même abrité), son chien, après m'avoir beaucoup grondée, s'apprivoisa à la vue de mon pain et vint partager ce modeste souper.

Jamais repas ne m'avait semblé si bon, jamais heure plus douce et nature plus sereine. J'avais le cœur libre et léger, le corps dispos comme on l'a après le travail. Je mangeais le pain du pauvre après avoir fait la tâche du pauvre. « Et ce n'est pas une *bonne action,* comme on dit dans le vocabulaire orgueilleux des châteaux, pensais-je, c'est tout bonnement un premier acte de la vie de pauvreté que j'embrasse et que je commence. Me voici enfin libre : plus de leçons fastidieuses, plus de confitures écœurantes qu'il faut trouver bonnes sous peine d'être ingrate, plus d'heures de convention pour manger, dormir ou s'amuser sans envie et sans besoin. La fin du jour a marqué celle de mon travail. La faim seule m'a sonné l'heure de mon repas ; plus de laquais pour me tendre mon assiette

CHAPITRE DIXIÈME.

et me l'enlever à sa fantaisie. A présent voici les étoiles qui viennent, il fait bon, il fait frais ; je suis lasse et je me repose, personne n'est là pour me dire : « Mettez votre châle, ou rentrez, de crainte de vous enrhumer. » Personne ne pense à moi, personne ne sait où je suis ; si je veux passer la nuit sur cette pierre il ne tient qu'à moi. Mais c'est là le bonheur suprême, et je ne conçois pas que cela s'appelle une punition. »

Puis je pensai que bientôt je serais avec ma mère, et je fis mes adieux tendres, mais joyeux, à la campagne, aux merles, aux buissons, aux étoiles, aux grands arbres. J'aimais la campagne, mais je ne savais pas que je ne pourrais jamais vivre ailleurs, je croyais qu'avec ma mère le paradis serait partout. Je me réjouissais de l'idée que je lui serais utile, que ma force physique la dispenserait de toute fatigue. « C'est moi qui porterai son bois, qui ferai son feu, son lit, me disais-je. Nous n'aurons point de domestiques, point d'esclaves tyrans ; nous nous appartiendrons, nous aurons enfin la liberté du pauvre. »

J'étais dans une situation d'esprit vraiment délicieuse, mais Rose ne m'avait pas si bien oubliée que je le pensais. Elle me cherchait et s'inquiétait quand je rentrai à la maison ; mais, en voyant l'énorme balafre que j'avais au visage, comme elle m'avait vue travailler pour la mère Blin, elle, qui avait un bon cœur, ne songea point à me gronder. D'ailleurs depuis que j'étais en pénitence, elle était fort douce et même triste.

Le lendemain elle m'éveilla de bonne heure. « Allons, me dit-elle, cela ne peut pas durer ainsi. Ta bonne maman a du chagrin, va l'embrasser et lui demander pardon. — Il y a trois jours qu'on aurait dû me laisser faire ce que tu dis là, lui répondis-je; mais Julie me laissera-t-elle entrer? — Oui, oui, répondit-elle, je m'en charge! » Et elle me conduisit par les petits couloirs à la chambre de ma bonne maman. J'y allais de bon cœur, quoique sans grand repentir, car je ne me sentais vraiment pas coupable, et je n'entendais pas du tout, en lui témoignant de la tendresse, renoncer à cette séparation que je regardais comme un fait accompli; mais dans les bras de ma pauvre chère aïeule m'attendait la plus cruelle, la plus poignante et la moins méritée des punitions.

Jusque-là personne au monde, et ma grand'mère moins que personne, ne m'avait dit de ma mère un mal sérieux. Il était bien facile de voir que Deschartres la haïssait, que Julie la dénigrait pour faire sa cour, que ma grand'mère avait de grands accès d'amertume et de froideur contre elle. Mais ce n'étaient que des railleries sèches, des demi-mots d'un blâme non motivé, des airs de dédain; et, dans ma partialité naïve, j'attribuais au manque de fortune et de naissance le profond regret que le mariage de mon père avait laissé dans sa famille. Ma bonne maman semblait s'être fait un devoir de respecter en moi le respect que j'avais pour ma mère.

Durant ces trois jours qui l'avaient tant fait souffrir, elle chercha apparemment le plus prompt et le plus sûr moyen de me rattacher à elle-même et à ses bienfaits dont je tenais si peu de compte, en brisant dans mon jeune cœur la confiance et l'amour qui me portaient vers une autre. Elle réfléchit, elle médita, elle s'arrêta au plus funeste de tous les partis.

Comme je m'étais mise à genoux contre son lit et que j'avais pris ses mains pour les baiser, elle me dit d'un ton vibrant et amer que je ne lui connaissais pas : « Restez à genoux et m'écoutez avec attention, car ce que je vais vous dire, vous ne l'avez jamais entendu et jamais plus vous ne l'entendrez de ma bouche. Ce sont des choses qui ne se disent qu'une fois dans la vie, parce qu'elles ne s'oublient pas; mais, faute de les connaître, quand par malheur elles existent, on perd sa vie, on se perd soi-même. »

Après ce préambule qui me fit frissonner, elle se mit à me raconter sa propre vie et celle de mon père, telles que je les ai fait connaître, puis celle de ma mère, telle qu'elle la croyait savoir, telle du moins qu'elle la comprenait. Là, elle fut sans pitié et sans intelligence, j'ose le dire, car il y a, dans la vie des pauvres, des entraînements, des malheurs et des fatalités que les riches ne comprennent jamais, et qu'ils jugent comme les aveugles des couleurs.

Tout ce qu'elle raconta était vrai par le fait et appuyé sur des circonstances dont le détail ne permettait pas le moindre doute. Mais on eût pu me dévoiler cette terrible histoire sans m'ôter le respect et l'amour pour ma mère, et l'histoire racontée ainsi eût été beaucoup plus vraisemblable et beaucoup plus vraie. Il n'y avait qu'à tout dire, les causes de ses malheurs, l'isolement et la misère dès l'âge de quatorze ans, la corruption des riches, qui sont là pour guetter la faim et flétrir l'innocence, l'impitoyable rigorisme de l'opinion, qui ne permet point le retour et n'accepte pas l'expiation [1]. Il fallait me

---

[1] On me dit que des critiques de parti pris blâment la sincérité avec laquelle je parle de mes parents, et particulièrement de ma mère. Cela est tout simple et je m'y attendais. Il y a toujours certains lecteurs qui ne comprennent pas ce qu'ils lisent : ce sont ceux qui ne veulent pas ou qui ne peuvent pas comprendre la véritable morale des choses humaines. Comme je n'écris pas pour ceux-là, c'est en vain que je leur répondrais ; leur point de vue est l'opposé du mien ; mais je prie ceux qui ne haïssent pas systématiquement mon œuvre de relire cette page et de réfléchir. Si parmi eux il en est quelques-uns qui aient souffert des mêmes douleurs que moi, pour les mêmes causes, je crois que j'aurai calmé l'angoisse de leurs doutes intérieurs, et fermé leur blessure, par une appréciation plus élevée que celle des champions de la fausse morale.

dire aussi comment ma mère avait racheté le passé, comment elle avait aimé fidèlement mon père, comment, depuis sa mort, elle avait vécu humble, triste et retirée. Ce dernier point, je le savais bien, du moins je croyais le savoir ; mais on me faisait entendre que si l'on me disait tout le passé, on m'épargnait le présent, et qu'il y avait, dans la vie actuelle de ma mère, quelque secret nouveau qu'on ne voulait pas me dire et qui devait me faire trembler pour mon propre avenir si je m'obstinais à vivre avec elle. Enfin ma pauvre bonne maman, épuisée par ce long récit, hors d'elle-même, la voix étouffée, les yeux humides et irrités, lâcha le grand mot, l'affreux mot : ma mère était une femme perdue, et moi un enfant aveugle qui voulait s'élancer dans un abîme.

Ce fut pour moi comme un cauchemar ; j'avais la gorge serrée ; chaque parole me faisait mourir, je sentais la sueur me couler du front, je voulais interrompre, je voulais me lever, m'en aller, repousser avec horreur cette effroyable confidence ; je ne pouvais pas, j'étais clouée sur mes genoux, la tête brisée et courbée par cette voix qui planait sur moi et me desséchait comme un vent d'orage. Mes mains glacées ne tenaient plus les mains brûlantes de ma grand'mère, je crois que machinalement je les avais repoussées de mes lèvres avec terreur.

Enfin je me levai sans dire un mot, sans implorer une caresse, sans me soucier d'être pardonnée ; je remontai à ma chambre. Je trouvai Rose sur l'escalier. « Eh bien, me dit-elle, est-ce fini, tout cela ? — Oui, c'est bien fini, fini pour toujours, » lui dis-je, et, me rappelant que cette fille ne m'avait jamais dit que du bien de ma mère, sûre qu'elle connaissait tout ce qu'on venait de m'apprendre et qu'elle n'en était pas moins attachée à sa première maîtresse : quoiqu'elle fût horrible, elle me parut belle, quoiqu'elle fût mon tyran et presque mon bourreau, elle me sembla être ma meilleure, ma seule amie ; je l'embrassai avec effusion, et courant me cacher, je me roulai par terre en proie à des convulsions de désespoir.

Les larmes qui firent irruption ne me soulagèrent pas. J'ai toujours entendu dire que les pleurs allégent le chagrin, j'ai toujours éprouvé le contraire, je ne sais pas pleurer. Dès que les larmes me viennent aux yeux, les sanglots me prennent à la gorge, j'étouffe, ma respiration s'exhale en cris ou en gémissements ; et comme j'ai horreur du bruit de la douleur, comme je me retiens de crier, il m'est souvent arrivé de tomber comme morte, et c'est probablement comme cela que je mourrai quelque jour si je me trouve seule, surprise par un malheur nouveau. Cela ne m'inquiète guère, il faut toujours mourir de quelque chose, et chacun porte en soi le coup qui doit l'achever. Probablement la pire des morts, la plus triste et la moins désirable, est celle que choisissent les poltrons, mourir de vieillesse, c'est-à-dire après tout ce qu'on a aimé, après tout ce à quoi on a cru sur la terre.

A cette époque, je n'avais pas le stoïcisme de refouler mes sanglots, et Rose, m'entendant râler, vint à mon secours. Quand j'eus repris un peu d'empire sur moi-même, je ne voulus pas faire la malade, je descendis au premier appel du déjeuner, je me forçai pour manger. On me donna mes cahiers, je fis semblant de travailler, mais j'avais les paupières à vif, tant mes larmes avaient été âcres et brûlantes; j'avais une migraine affreuse, je ne pensais plus, je ne vivais pas, j'étais indifférente à toutes choses. Je ne savais plus si j'aimais ou si je haïssais quelqu'un, je ne sentais plus d'enthousiasme pour personne, plus de ressentiment contre qui que ce soit; j'avais comme une énorme brûlure intérieure et comme un vide cuisant à la place du cœur. Je ne me rendais compte que d'une sorte de mépris pour l'univers entier et d'un amer dédain pour la vie, quelle qu'elle pût être pour moi désormais; je ne m'aimais plus moi-même. Si ma mère était méprisable et haïssable, moi, le fruit de ses entrailles, je l'étais aussi. Je ne sais à quoi a tenu que je ne devinsse pas perverse par misanthropie, à partir de ce moment-là. On m'avait fait un mal affreux qui pouvait être irréparable; on avait tenté de tarir en moi les sources de la vie morale, la foi, l'amour et l'espérance.

Heureusement pour moi, le bon Dieu m'avait faite pour aimer et pour oublier. On m'a souvent reproché d'être oublieuse du mal ; puisque je devais tant en subir, c'est une grâce d'état.

Au bout de quelques jours d'une indicible souffrance et d'une fatigue suprême, je sentis avec étonnement que j'aimais encore plus ma mère, et que je n'aimais pas moins ma grand'mère qu'auparavant. On m'avait vue si triste, Rose avait raconté de moi une telle scène de douleur, qu'on crut à un grand repentir. Ma bonne maman comprit bien qu'elle m'avait fait beaucoup de mal, mais elle s'imagina que c'était un mal salutaire et que mon parti était pris. Il ne fut pas question d'explication nouvelle, on ne m'interrogea pas, c'eût été bien inutile. J'avais pour toujours un sceau sur les lèvres. La vie recommença à couler comme un ruisseau tranquille, mais le ruisseau était troublé pour moi, et je n'y regardais plus.

En effet, je ne faisais plus aucun projet, je ne sentais plus venir les doux rêves. Plus de roman, plus de contemplations. Corambé était muet. Je vivais comme une machine. Le mal était plus profond qu'on ne pensait. Aimante, j'aimais encore les autres. Enfant, je m'amusais encore de la vie ; mais, je l'ai dit, je ne m'aimais plus, je ne me souciais plus du tout de moi-même. J'avais résisté systématiquement à l'avantage de l'instruction, j'avais dédaigné d'orner et de rehausser mon être intellectuel, croyant que mon être moral y gagnerait. Mais mon idéal était voilé, et je ne comprenais plus l'avenir que je m'étais pendant si longtemps créé et arrangé selon ma fantaisie. J'entrevoyais désormais, dans cet avenir, des luttes contre l'opinion auxquelles je n'avais jamais songé, et je ne sais quelle énigme douloureuse dont on n'avait pas voulu me dire le mot. On m'avait parlé de dangers affreux, on s'était imaginé que je les devinerais, et moi, simple et d'organisation tranquille, je ne devinais rien du tout. En outre, autant j'ai l'esprit actif pour ce qui sourit à mes instincts, autant je l'ai paresseux pour ce qui leur est hostile, et je ne cherchais pas le mot du sphinx ; mais il y avait quelque chose de terrible devant moi si je persistais à quitter l'aile de ma grand'mère, et ce quelque chose, sans me faire peur, ôtait à mes châteaux en Espagne le charme de la confiance absolue.

« Ce sera pire que la misère, m'avait-on dit, ce sera la honte ! » « La honte de quoi ? me disais-je. Rougirai-je d'être la fille de ma mère ? Oh ! si ce n'était que cela ! on sait bien que je n'aurai pas cette lâche honte. » Je supposais alors, sans rien incriminer, quelque lien mystérieux entre ma mère et quelqu'un qui me ferait sentir une domination injuste et illégitime. Et puis je m'abstenais volontairement d'y songer. « Nous verrons bien, me disais-je. On veut que je cherche, je ne chercherai pas. »

Il m'a toujours fallu, pour vivre, une résolution arrêtée de vivre pour quelqu'un ou pour quelque chose, pour des personnes ou pour des idées. Ce besoin m'était venu naturellement dès l'enfance, par la force des circonstances, par l'affection contrariée. Il restait en moi quoique mon but fût obscurci et mon élan incertain. On voulait me forcer à me rattacher à l'autre but que l'on m'avait montré, et dont je m'étais obstinément détournée. Je me demandai si cela était possible. Je sentis que non. La fortune et l'instruction, les belles manières, le bel esprit, ce qu'on appelait *le monde* m'apparut sous des formes sensibles, telles que je pouvais les concevoir. « Cela se réduit, pensai-je, à devenir une belle demoiselle bien pimpante, bien guindée, bien érudite, tapant sur un piano devant des personnes qui approuvent sans écouter ou sans comprendre, ne se souciant de personne, aimant à briller, aspirant à un riche mariage, vendant sa liberté et sa personnalité pour une voiture, un écusson, des chiffons et quelques écus. Cela ne me va point et ne m'ira jamais. Si je dois hériter forcément de ce castel, de ces gerbes de blé que compte et recompte Deschartres, de cette bibliothèque où tout ne m'amuse pas, et de cette cave où rien ne me tente, ne voilà-t-il pas un grand bonheur et de belles richesses ! J'ai souvent rêvé de lointains voyages. Les voyages m'auraient tentée si je n'avais eu le projet de vivre pour ma mère. Eh bien, voilà ! Si ma mère ne veut pas de moi, quelque jour je partirai, j'irai au bout du monde. Je verrai l'Etna et le mont Gibel ; j'irai en Amérique, j'irai dans l'Inde. On dit que c'est loin, que c'est difficile, tant mieux ! On dit qu'on y meurt, qu'importe ? En attendant, vivons au jour le jour, vivons au hasard ; puisque rien de ce que je connais ne me tente ou ne me rassure, laissons venir l'inconnu. »

Là-dessus, j'essayai de vivre sans songer à rien, sans rien craindre et sans rien désirer. Cela me fut d'abord bien difficile, j'avais pris une telle habitude de rêver et d'aspirer à un bien futur, que, malgré moi, je me reprenais à y songer. Mais la tristesse devenait alors si noire, et le souvenir de la scène qu'on m'avait faite si étouffant, que j'avais besoin d'échapper à moi-même, et que je courais aux champs m'étourdir avec les gamins et les gamines qui m'aimaient et m'arrachaient à ma solitude.

Quelques mois se passèrent alors qui ne me profitèrent à rien, et dont je me souviens confusément, parce qu'ils furent vides. Je m'y comportai fort mal, ne travaillant que juste ce qu'il fallait pour n'être pas grondée, me dépêchant, pour ainsi dire, d'oublier vite ce que je venais d'apprendre, ne méditant plus sur mon travail comme j'avais fait jusqu'alors par un besoin de logique et de poésie qui avait eu son charme secret; courant plus que jamais les chemins, les buissons et les pacages avec mes bruyants acolytes; mettant la maison sens dessus dessous par des jeux échevelés; prenant une habitude de gaieté folle, quelquefois forcée, quand ma douleur intérieure menaçait de se réveiller, enfin tournant tout de bon à l'enfant terrible, comme le disait ma bonne, qui commençait à avoir raison, et qui pourtant ne me battait plus, voyant à ma taille que je serais de force à le lui rendre, et à mon air que je n'étais plus d'humeur à le souffrir.

Voyant tout cela aussi, ma grand'mère me dit : « Ma fille, vous n'avez plus le sens commun. Vous aviez de l'esprit, et vous faites tout votre possible pour devenir ou pour paraître bête. Vous pourriez être agréable, et vous vous faites laide à plaisir. Votre teint est noirci, vos mains gercées, vos pieds vont se déformer dans les sabots. Votre cerveau se déforme et se dégingande comme votre personne. Tantôt vous répondez à peine et vous avez l'air d'un esprit fort qui dédaigne tout. Tantôt vous parlez à tort et à travers comme une pie qui babille pour babiller. Vous avez été une charmante petite fille, il ne faut pas devenir une jeune personne absurde. Vous n'avez point de tenue, point de grâce, point d'à-propos. Vous avez un bon cœur et une tête pitoyable. Il faut changer tout cela. Vous avez d'ailleurs besoin de *maîtres d'agrément*, et je ne puis vous en procurer ici. J'ai donc résolu de vous mettre au couvent, et nous allons à Paris à cet effet.

— Et je vais voir ma mère ? m'écriai-je.

— Oui certes, vous la verrez, répondit froidement ma bonne maman ; après quoi vous vous séparerez d'elle et de moi le temps nécessaire pour achever votre éducation.

— Soit, pensai-je ; le couvent, je ne sais ce que c'est, mais ce sera nouveau ; et comme, après tout, je ne m'amuse pas du tout de la vie que je mène, je pourrai gagner au change. »

Ainsi fut fait. Je revis ma mère avec mes transports accoutumés. J'avais un dernier espoir : c'est qu'elle trouverait ce couvent inutile et ridicule, et qu'elle me reprendrait avec elle en voyant que j'avais persisté dans ma résolution. Mais, tout au contraire, elle me prêcha l'avantage des richesses et des talents. Elle le fit d'une manière qui m'étonna et me blessa, car je n'y trouvai pas sa franchise et son courage ordinaires. Elle raillait le couvent, elle critiquait fort à propos ma grand'mère, qui, détestant et méprisant la dévotion, me confiait à des religieuses ; mais, tout en la blâmant, ma mère fit comme ma grand'mère. Elle me dit que le couvent me serait utile et qu'il y fallait entrer. Je n'ai jamais eu de volonté pour moi-même, j'entrai au couvent sans crainte, sans regret et sans répugnance. Je ne me rendis pas compte des suites. Je ne savais pas que j'entrais peut-être véritablement dans le monde en franchissant le seuil du cloître, que je pouvais y contracter des relations, des habitudes d'esprit, même des idées qui m'incorporeraient, pour ainsi dire, dans la classe avec laquelle j'avais voulu rompre. Je crus voir, au contraire, dans ce couvent, un terrain neutre, et dans ces années que je devais y passer, une sorte de halte au milieu de la lutte que je subissais.

J'avais retrouvé à Paris Pauline de Pontcarré et sa mère. Pauline était plus jolie que jamais; son caractère était resté enjoué, facile, aimable; son cœur n'avait pas changé non plus. Il était parfaitement froid, ce qui ne m'empêcha pas d'aimer et d'admirer comme par le passé cette belle indifférente.

Ma grand'mère avait questionné madame de Pontcarré sur le couvent des Anglaises, ce même couvent où elle avait été prisonnière pendant la révolution. Une nièce de madame de Pontcarré y avait été élevée et venait d'en sortir. Ma bonne maman, qui avait gardé de ce couvent et des religieuses qu'elle y avait connues un certain souvenir, fut charmée d'apprendre que mademoiselle Debrosses y avait été fort bien soignée, élevée avec distinction, que l'on faisait là de bonnes études, que les maîtres d'*agrément* étaient renommés, enfin que le couvent des Anglaises méritait la vogue dont il jouissait dans le beau monde, en concurrence avec le Sacré-Cœur et l'Abbaye-aux-Bois. Madame de Pontcarré avait le projet d'y mettre sa fille, ce qu'elle fit, en effet, l'année suivante. Ma grand'-mère se décida donc pour les Anglaises, et, un jour d'hiver, on me fit endosser l'uniforme de sergette amarante, on arrangea mon trousseau dans une malle, un fiacre nous conduisit rue des Fossés-Saint-Victor, et après que nous eûmes attendu quelques instants dans le parloir, on ouvrit une porte de communication qui se referma derrière nous. J'étais cloîtrée.

Ce couvent est une des trois ou quatre communautés britanniques qui s'établirent à Paris pendant la puissance de Cromwell. Après avoir été persécuteurs, les catholiques anglais, cruellement persécutés, s'assemblèrent dans l'exil pour prier et demander spécialement à Dieu la conversion des protestants. Les communautés religieuses restèrent en France, mais les rois catholiques reprirent le sceptre en Angleterre et se vengèrent peu chrétiennement.

La communauté des Augustines anglaises est la seule qui ait subsisté à Paris et dont la maison ait traversé les révolutions sans trop d'orage. La tradition du couvent disait que la reine d'Angleterre,

Henriette de France, fille de notre Henri IV et femme du malheureux Charles Ier, était venue souvent avec son fils Jacques II prier dans notre chapelle et guérir les scrofules des pauvres qui se pressaient sur leurs pas. Un mur mitoyen sépare ce couvent du collége des Écossais. Le séminaire des Irlandais est à quatre portes plus loin. Toutes nos religieuses étaient Anglaises, Écossaises ou Irlandaises. Les deux tiers des pensionnaires et des locataires, ainsi qu'une partie des prêtres qui venaient officier, appartenaient aussi à ces nations. Il y avait des heures de la journée où il était enjoint à toute la classe de ne pas dire un mot de français, ce qui était la meilleure étude possible pour apprendre vite la langue anglaise. Nos religieuses, comme de raison, ne nous en parlaient presque jamais d'autre. Elles avaient les habitudes de leur climat, prenant le thé trois fois par jour, et admettant celles de nous qui étaient bien sages à le prendre avec elles.

Le cloître et l'église étaient pavés de longues dalles funéraires sous lesquelles reposaient les ossements vénérés des catholiques de la vieille Angleterre, morts dans l'exil et ensevelis par faveur dans ce sanctuaire inviolable. Partout, sur les tombes et sur les murailles, des épitaphes et des sentences religieuses en anglais. Dans la chambre de la supérieure et dans son parloir particulier, de grands vieux portraits de princes ou de prélats anglais. La belle et galante Marie Stuart, réputée sainte par nos chastes nonnes, brillait là comme une étoile. Enfin, tout était anglais dans cette maison, le passé et le présent, et quand on avait franchi la grille, il semblait qu'on eût traversé la Manche.

Ce fut pour moi, paysanne du Berry, un étonnement, un étourdissement à n'en pas revenir de huit jours. Nous fûmes d'abord reçues par la supérieure, madame Canning, une très-grosse femme entre cinquante et soixante ans, belle encore dans sa pesanteur physique, qui contrastait avec un esprit fort délié. Elle se piquait avec raison d'être femme du monde; elle avait de grandes manières, la conversation facile malgré son rude accent, plus de moquerie et d'entêtement dans l'œil que de recueillement et de sainteté. Elle a toujours passé pour bonne, et comme sa science du monde faisait prospérer le couvent, comme elle savait habilement pardonner, en vertu de son droit de grâce qui lui réservait, en dernier ressort, l'utile et commode fonction de réconcilier tout le monde, elle était aimée et respectée des religieuses et des pensionnaires. Mais, dès l'abord, son regard ne me plut pas, et j'ai eu lieu de croire depuis qu'elle était dure et rusée. Elle est morte en odeur de sainteté, mais je crois ne pas me tromper en pensant qu'elle devait surtout à son habit et à son grand air la vénération dont elle était l'objet.

Ma grand'mère, en me présentant, ne put se défendre du petit orgueil de dire que j'étais fort instruite pour mon âge, et qu'on me ferait perdre mon temps si on me mettait en classe avec les enfants. On était divisé en deux sections, la petite classe et la grande classe. Par mon âge, j'appartenais réellement à la petite classe, qui contenait une trentaine de pensionnaires de six à treize ou quatorze ans. Par les lectures qu'on m'avait fait faire et par les idées qu'elles avaient développées en moi, j'appartenais à une troisième classe qu'il aurait peut-être fallu créer pour moi et pour deux ou trois autres : mais je n'avais pas été habituée à travailler avec méthode, je ne savais pas un mot d'anglais. Je comprenais beaucoup d'histoire et même de philosophie; mais j'étais fort ignorante, ou tout au moins fort incertaine sur l'ordre des temps et des événements. J'aurais pu causer de tout avec les professeurs, et peut-être même voir un peu plus clair et plus avant que ceux qui nous dirigeaient; mais le premier cuistre venu m'aurait fort embarrassée sur des points de fait, et je n'aurais pu soutenir un examen en règle sur quoi que ce fût.

Je le sentais bien, et je fus très-soulagée d'entendre la supérieure déclarer que, n'ayant pas encore reçu le sacrement de confirmation, je devais forcément entrer à la petite classe.

C'était l'heure de la récréation; la supérieure fit

appeler une des plus sages de la petite classe, me confia et me recommanda à elle, et m'envoya au jardin. Je me mis tout de suite à aller et venir, à regarder toutes choses et toutes figures, à fureter dans tous les coins du jardin comme un oiseau qui cherche où il mettra son nid. Je ne me sentais pas intimidée le moins du monde, quoiqu'on me regardât beaucoup. Je voyais bien qu'on avait de plus belles manières que moi; je voyais passer et repasser les *grandes*, qui ne jouaient pas et babillaient en se tenant par le bras. Mon introductrice m'en nomma plusieurs; c'étaient de grands noms très-aristocratiques, qui ne firent pas d'effet sur moi, comme l'on peut croire. Je m'informai du nom des allées, des chapelles et des berceaux qui ornaient le jardin. Je me réjouis en apprenant qu'il était permis de prendre un petit coin dans les massifs et de le cultiver à sa guise. Cet amusement n'étant recherché que des toutes petites, il me sembla que la terre et le travail ne me manqueraient pas.

On commença une partie de barres et on me mit dans un camp. Je ne connaissais pas les règles du jeu, mais je savais bien courir. Ma grand'mère vint se promener avec la supérieure et l'économe, et elle parut prendre plaisir à me voir déjà si dégourdie et si à l'aise. Puis elle se disposa à partir et m'emmena dans le cloître pour me dire adieu. Le moment lui paraissait solennel, et l'excellente femme fondit en larmes en m'embrassant. Je fus un peu émue, mais je pensai qu'il était de mon devoir de faire contre fortune bon cœur, et je ne pleurai pas. Alors, ma grand'mère me regardant en face, me repoussa en s'écriant : « Ah! insensible cœur, vous me quittez sans aucun regret, je le vois bien! » Et elle sortit, la figure cachée dans ses mains.

Je restai stupéfaite. Il me semblait que j'avais bien agi en ne lui montrant aucune faiblesse, et selon moi, mon courage ou ma résignation eussent dû lui être agréables. Je me retournai et vis près de moi l'économe; c'était la mère Alippe, une petite vieille toute ronde et toute bonne, un excellent cœur de femme. « Eh bien, me dit-elle avec son accent anglais, qu'y a-t-il? avez-vous dit à votre grand'mère quelque chose qui l'ait fâchée? — Je n'ai rien dit du tout, répondis-je, et j'ai cru ne devoir rien dire. — Voyons, dit-elle en me prenant par la main, avez-vous du chagrin d'être ici? » Comme elle avait cet accent de franchise qui ne trompe pas, je lui répondis sans hésiter : « Oui, madame, malgré moi je me sens triste et seule au milieu de gens que je ne connais pas. Je sens qu'ici personne ne peut encore m'aimer, et que je ne suis plus avec mes parents qui m'aiment beaucoup. C'est pour cela que je n'ai pas voulu pleurer devant ma grand'mère, puisque sa volonté est que je reste où elle me met. Est-ce que j'ai eu tort? — Non, mon enfant, répondit la mère Alippe, votre grand'-mère n'a peut-être pas compris. Allez jouer, soyez bonne, et l'on vous aimera ici autant que chez vos parents. Seulement, quand vous reverrez votre bonne maman, n'oubliez pas de lui dire que, si vous n'avez pas montré de chagrin en la quittant, c'était pour ne pas augmenter le sien. »

Je retournai au jeu, mais j'avais le cœur gros. Il me semblait et il me semble encore que le mouvement de ma pauvre grand'mère avait été fort injuste. C'était sa faute si je regardais ce couvent comme une pénitence qu'elle m'imposait, car elle n'avait pas manqué, dans ses moments de gronderie, de me dire que quand j'y serais je regretterais bien Nohant et les petites douceurs de la maison paternelle. Il semblait qu'elle fût blessée de me voir endurer la punition sans révolte ou sans crainte. « Si c'est pour mon bonheur que je suis ici, pensai-je, je serais ingrate d'y être à contre-cœur. Si c'est pour mon châtiment, eh bien, me voilà châtiée, j'y suis; que veut-on de plus? que je souffre d'y être? c'est comme si l'on me battait plus fort parce que je refuse de crier au premier coup. »

Ma grand'mère alla dîner ce jour-là chez mon grand-oncle de Beaumont, et elle lui raconta en pleurant comme quoi je n'avais pas pleuré. « Eh bien donc, tant mieux! fit-il avec son enjouement philosophique. C'est bien assez triste d'être au couvent, voulez-vous pas qu'elle le comprenne? Qu'a-t-elle donc fait de mal pour que vous lui imposiez la réclusion et les larmes par-dessus le marché? Bonne sœur, je vous l'ai déjà dit, la tendresse maternelle est souvent fort égoïste, et nous eussions été bien malheureux si notre mère eût aimé ses enfants comme vous aimez les vôtres. »

Ma grand'mère fut assez irritée de ce sermon. Elle se retira de bonne heure, et ne vint me voir qu'au bout de huit jours, quoiqu'elle m'eût promis de revenir le surlendemain de mon entrée au couvent. Ma mère, qui vint plus tôt, me raconta ce qui s'était passé, me donnant raison, suivant sa coutume. Ma petite amertume intérieure en augmenta. « Ma bonne maman a tort, pensai-je; mais ma mère a tort aussi de me le faire tant sentir; moi, j'ai eu tort par le fait, bien que j'aie cru avoir raison. J'ai voulu ne montrer aucun dépit, on a cru que je voulais montrer de l'orgueil. Ma bonne maman me blâme pour cela, pour cela ma mère m'approuve; ni l'une ni l'autre ne m'a comprise, et je vois bien que cette aversion qu'elles ont l'une pour l'autre me rendra injuste aussi et très-malheureuse, à coup sûr, si je me livre aveuglément à l'une ou à l'autre. »

Là-dessus je me réjouis d'être au couvent; j'éprouvais un impérieux besoin de me reposer de tous ces déchirements intérieurs; j'étais lasse d'être comme une pomme de discorde entre deux êtres que je chérissais. J'aurais presque voulu qu'on m'oubliât.

C'est ainsi que j'acceptai le couvent, et je l'acceptai si bien que j'arrivai à m'y trouver plus heureuse que je ne l'avais été de ma vie. Je crois que j'ai été la seule satisfaite parmi tous les enfants que j'y ai connus. Tous regrettaient leur famille, non pas seulement par tendresse pour les parents, mais aussi par regret de la liberté et du bien-être. Quoique je fusse des moins riches et que je n'eusse jamais connu le grand luxe, et quoique nous fussions passablement traitées au couvent, il y avait certes une grande différence sous le rapport de la vie matérielle entre Nohant et le cloître. En outre, la claustration, l'air de Paris, la continuité absolue d'un même régime, que je regarde comme funeste aux développements successifs ou aux modifications continuelles de l'organisation humaine, me rendirent bientôt malade et languissante. En dépit de tout cela, je passai là trois ans sans regretter le passé, sans aspirer à l'avenir, et me rendant compte de mon bonheur dans le présent; situation que comprendront tous ceux qui ont souffert et qui savent que la seule félicité humaine pour eux c'est l'absence de maux excessifs; situation exceptionnelle pourtant pour les enfants des riches et que mes compagnes ne comprenaient pas, quand je leur disais que je ne désirais pas la fin de ma captivité.

Nous étions cloîtrées dans toute l'acception du mot. Nous ne sortions que deux fois par mois et nous ne découchions qu'au jour de l'an. On avait des vacances, mais je n'en eus point, ma grand'-mère disant qu'elle aimait mieux ne pas interrompre mes études, afin de pouvoir me laisser moins longtemps au couvent. Elle quitta Paris peu de semaines après notre séparation, et ne revint qu'au bout d'un an, après quoi elle repartit pour un an encore. Elle avait exigé de ma mère qu'elle ne demandât pas à me faire sortir. Mes cousins Villeneuve m'offrirent de me prendre chez eux les jours de sortie et écrivirent à ma bonne maman pour le lui demander. J'écrivis, de mon côté, pour la prier de ne pas le permettre, et j'eus le courage de lui dire que, ne sortant pas avec ma mère, je ne voulais et ne devais sortir avec personne. Je tremblais qu'elle ne m'écoutât pas, et, quoique je sentisse bien un peu le besoin et le désir des sorties, j'étais décidée à me faire malade si mes cousins venaient me chercher munis d'une permission. Cette fois ma grand'mère m'approuva, et, au lieu de me faire des reproches, elle donna à mon sentiment des éloges que je trouvai même un peu exagérés. Je n'avais fait que mon devoir.

CHAPITRE DIXIÈME.

Si bien que je passai deux fois l'année entière derrière les grilles. Nous avions la messe dans notre chapelle, nous recevions les visites au parloir, nous y prenions nos leçons particulières, le professeur d'un côté des barreaux, nous de l'autre. Toutes les croisées du couvent qui donnaient sur la rue étaient non-seulement grillées, mais garnies de châssis de toile. C'était bien réellement la prison, mais la prison avec un grand jardin et une nombreuse société. J'avoue que je ne m'aperçus pas un instant des rigueurs de la captivité, et que les précautions minutieuses qu'on prenait pour nous tenir sous clef et nous empêcher d'avoir seulement la vue du dehors me faisaient beaucoup rire. Ces précautions étaient le seul stimulant au désir de la liberté, car la rue des Fossés-Saint-Victor et la rue Clopin n'étaient tentantes ni pour la promenade ni même pour la vue. Il n'était pas une de nous qui eût jamais songé à franchir seule la porte de l'appartement de sa mère : presque toutes cependant épiaient au couvent l'entre-bâillement de la porte du cloître, ou glissaient des regards furtifs à travers les fentes des toiles de croisées. Déjouer la surveillance, descendre deux ou trois degrés de la cour, apercevoir un fiacre qui passait, c'était l'ambition et le rêve de quarante ou cinquante filles folâtres et moqueuses, qui, le lendemain, parcouraient tout Paris avec leurs parents sans y prendre le moindre plaisir, fouler le pavé et regarder les passants n'étant plus le fruit défendu hors de l'enceinte du couvent.

Durant ces trois années, mon être moral subit des modifications que je n'aurais jamais pu prévoir, et que ma grand'mère vit avec beaucoup de peine, comme si en me mettant là elle n'eût pas dû les prévoir elle-même. La première année, je fus plus que jamais l'enfant terrible que j'avais commencé d'être, parce qu'une sorte de désespoir, ou tout au moins de *désespérance* dans mes affections me poussait à m'étourdir et à m'enivrer de ma propre espièglerie. La seconde année, je passai presque subitement à une dévotion ardente et agitée. La troisième année, je me maintins dans un état de dévotion calme, ferme et enjouée. La première année, ma grand'mère me gronda beaucoup dans ses lettres. La seconde, elle s'effraya de ma dévotion plus qu'elle n'avait fait de ma mutinerie. La troisième, elle parut à demi satisfaite et me témoigna un contentement qui n'était pas sans mélange d'inquiétude.

Ceci est le résumé de ma vie de couvent, mais les détails offrent quelques particularités auxquelles plus d'une personne de mon sexe reconnaîtra les effets tantôt bons, tantôt mauvais de l'éducation religieuse. Je les rapporterai sans la moindre prévention et, j'espère, avec une parfaite sincérité d'esprit et de cœur.

CHAPITRE ONZIÈME

Description du couvent. — La petite classe. — Malheur et tristesse des enfants. — Mademoiselle D***, maîtresse de classe. — Mary Eyre. — La mère Alippe. — Les limbes. — Le signe de la croix. — Les *diables*, les *sages* et les *bêtes*. — Mary G***. — Les escapades. — Isabelle C***. — Ses compositions bizarres. — Sophy C***. — Le *secret du couvent*. — Recherches et expéditions pour la délivrance de la *victime*. — Les souterrains. — L'impasse mystérieuse. — Promenade sur les toits. — Accident burlesque. — Whisky et les sœurs converses. — Le froid. — Je passe *diable*. — Mes relations avec les sages et les bêtes. — Mes jours de sortie. — Grand orage contre moi. — Ma correspondance surprise. — Je passe à la grande classe.

Avant de raconter ma vie au couvent, ne dois-je pas décrire un peu le couvent? Les lieux qu'on habite ont une si grande influence sur les pensées, qu'il est difficile d'en séparer les réminiscences.

C'était un assemblage de constructions, de cours et de jardins qui en faisait une sorte de village, plutôt qu'une maison particulière. Il n'y avait rien de monumental, rien d'intéressant pour l'antiquaire. Depuis sa construction, qui ne remontait pas à plus de deux cents ans, il y avait eu tant de changements, d'ajoutances ou de distributions successives, qu'on ne retrouvait l'ancien caractère que dans très-peu de parties. Mais cet ensemble hétérogène avait son caractère à lui, quelque chose de mystérieux et d'embarrassant comme un labyrinthe; un certain charme de poésie, comme les recluses savent en mettre dans les choses les plus vulgaires. Je fus bien un mois avant de savoir m'y retrouver seule, et encore, après mille explorations furtives, n'en ai-je jamais connu tous les détours et les recoins.

La façade, située en contre-bas sur la rue, n'annonce rien du tout. C'est une grande bâtisse laide et nue, avec une petite porte cintrée qui ouvre sur un escalier de pierres large, droit et roide. Au haut de dix-sept degrés (si j'ai bonne mémoire), on se trouve dans une petite cour pavée en dalles et entourée de constructions basses et non percées. C'est, d'un côté, le grand mur de l'église, de l'autre, les bâtiments du cloître.

Un portier qui demeure dans cette cour, et dont la loge touche la porte du cloître, ouvre aux personnes du dehors un couloir par lequel on communique avec celles de l'intérieur au moyen d'un tour où l'on dépose les paquets, et de quatre parloirs grillés pour les visites. Le premier est plus spécialement affecté aux visites que reçoivent les religieuses; le second est destiné aux leçons particulières: le troisième, qui est le plus grand, est celui où les pensionnaires voient leurs parents ; le quatrième est celui où la supérieure reçoit les personnes du monde, ce qui ne l'empêche pas d'avoir un salon dans un autre corps de logis, et un grand parloir grillé où elle s'entretient avec les ecclésiastiques ou les personnes de sa famille, lorsqu'elle a à traiter d'affaires importantes ou secrètes.

Voilà tout ce que les hommes et même les femmes qui n'ont pas une permission particulière pour entrer voient du couvent. Pénétrons dans cet intérieur si bien gardé.

La porte de la cour est armée d'un guichet et s'ouvre à grand bruit sur le cloître sonore. Ce cloître est une galerie quadrangulaire, pavée de pierres sépulcrales avec force têtes de mort, ossements en croix et *requiescant in pace.* Les cloîtres sont voûtés, éclairés par de larges fenêtres à plein cintre ouvrant sur le préau, qui a son puits traditionnel et son parterre de fleurs. Une des extrémités du cloître ouvre sur l'église et sur le jardin, une autre sur le bâtiment neuf, où se trouvent au rez-de-chaussée la grande classe, à l'entre-sol l'ouvroir des religieuses, au premier et au second les cellules, au troisième le dortoir des pensionnaires de la petite classe.

Le troisième angle du cloître conduit aux cuisines, aux caves, puis au bâtiment de la petite classe, qui se relie à plusieurs autres très-vieux qui n'existent peut-être plus, car, de mon temps, ils menaçaient ruine. C'était un dédale de couloirs obscurs, d'escaliers tortueux, de petits logements détachés et reliés les uns aux autres par des paliers inégaux ou par des passages en planches déjetées. C'était là probablement ce qui restait des constructions primitives, et les efforts qu'on avait faits pour rattacher ces constructions avec les nouvelles attestaient ou une grande misère dans les temps de révolution, ou une grande maladresse de la part des architectes. Il y avait des galeries qui ne conduisaient à rien, des ouvertures par où l'on avait peine à passer, comme on en voit dans ces rêves où l'on parcourt des édifices bizarres qui vont se refermant sur vous et vous étouffant dans leurs angles subitement resserrés. Cette partie du couvent échappe à toute description. J'en donnerai une meilleure idée quand je raconterai quelles folles explorations nos folles imaginations de pensionnaires nous y firent entreprendre. Il me suffira, quant à présent, de dire que l'usage de ces constructions était aussi peu en harmonie que leur assemblage. Ici c'était l'appartement d'une locataire; à côté, celui d'une élève; plus loin, une chambre où l'on étudiait le piano; ailleurs, une lingerie, et puis des appartements vacants ou passagèrement occupés par des amies d'outre-mer; et puis de ces recoins sans nom où les vieilles filles, et les nonnes surtout, entassent mystérieusement une foule d'objets fort étonnés de se trouver ensemble, des débris d'ornements d'église avec des oignons, des chaises brisées avec des bouteilles vides, des cloches fêlées avec des guenilles, etc., etc.

Le jardin était vaste et planté de marronniers superbes. D'un côté il était contigu à celui du collége des Écossais, dont il était séparé par un mur très-élevé; de l'autre il était bordé de petites maisons toutes louées à des dames pieuses retirées du monde. Outre ce jardin, il y avait encore, devant le bâtiment neuf, une double cour plantée en potager et bordée d'autres maisons également louées à de vieilles matrones ou à des pensionnaires en chambre. Cette partie du couvent se terminait par une buanderie et par une porte qui donnait sur la rue des Boulangers. Cette porte ne s'ouvrait que pour les locataires, qui avaient, de ce côté-là, un parloir pour leurs visites. Après le grand jardin dont j'ai parlé, il y en avait un autre encore plus grand où nous n'entrions jamais et qui servait à la consommation du couvent. C'était un immense potager qui s'en allait toucher à celui des dames de la Miséricorde, et qui était rempli de fleurs, de légumes et de fruits magnifiques. Nous apercevions à travers une vaste grille les raisins dorés, les melons majestueux et les beaux œillets panachés; mais la grille était presque infranchissable et on risquait ses os pour l'escalader, ce qui n'empêcha pas quelques-unes d'entre nous d'y pénétrer par surprise deux ou trois fois.

Je n'ai pas parlé de l'église et du cimetière, les seuls endroits vraiment remarquables du couvent; j'en parlerai en temps et lieu; je trouve que ma description générale est déjà beaucoup trop longue.

Pour la résumer, je dirai que, tant religieuses que sœurs converses, pensionnaires, locataires, maîtresses séculières et servantes, nous étions environ cent vingt ou cent trente personnes, logées de la manière la plus bizarre et la plus incommode, les unes trop accumulées sur certains points, les autres trop disséminées sur un espace où dix familles eussent vécu fort à l'aise, en cultivant même un peu de terre pour leur agrément. Tout était si éparpillé, qu'on perdait un quart de la journée à aller et venir. Je n'ai pas parlé non plus d'un vaste laboratoire où l'on distillait de l'eau de menthe; de la *chambre des cloîtres*, où l'on prenait certaines leçons, et qui avait servi de prison à ma mère et à ma tante; de la cour aux poules, qui infectait la petite classe; de l'arrière-classe, où l'on déjeunait; des caves et souterrains, dont j'aurai beaucoup à raconter; enfin de l'avant-classe, du réfectoire et du chapitre, car je n'aurais jamais fini de faire comprendre, par toutes ces distributions, combien peu les religieuses entendent l'ordonnance logique et les véritables aises de l'habitation.

Mais, en revanche, les cellules des nonnes étaient d'une propreté charmante et remplies de tous ces brimborions qu'une dévotion mignarde découpe, encadre, enlumine et enrubane patiemment. Dans tous les coins, la vigne et le jasmin cachaient la vétusté des murailles. Les coqs chantaient à minuit comme en pleine campagne, la cloche avait un joli son argentin comme une voix féminine; dans tous les passages, une niche gracieusement découpée dans la muraille s'ouvrait pour vous montrer une madone grassette et maniérée du dix-septième siècle; dans l'ouvroir, de belles gravures anglaises vous présentaient la chevaleresque figure de Charles Ier à tous les âges de sa vie, et tous les membres de la royale famille papiste. Enfin, jusqu'à la petite lampe qui tremblotait, la nuit, dans le cloître, et aux lourdes portes qui, chaque soir, se fermaient à l'entrée des corridors avec un bruit solennel et un grincement de verrous lugubre, tout avait un certain charme de poésie mystique auquel tôt ou tard je devais être fort sensible.

Maintenant je raconte. Mon premier mouvement en entrant dans la petite classe fut pénible. Nous y étions entassées une trentaine dans une salle sans étendue et sans élévation suffisantes. Les murs revêtus d'un vilain papier jaune d'œuf, le plafond sale et dégradé, des bancs, des tables et des tabourets malpropres, un vilain poêle qui fumait, une odeur de poulailler mêlée à celle du charbon, un vilain crucifix de plâtre, un plancher tout brisé, c'était là que nous devions passer les deux grands tiers de la journée, les trois quarts en hiver, et nous étions en hiver précisément.

Je ne trouve rien de plus maussade que cette coutume des maisons d'éducation de faire de la salle des études l'endroit le plus triste et le plus navrant; sous prétexte que les enfants gâteraient les meubles et dégraderaient les ornements, on ôte de leur vue tout ce qui serait un stimulant à la pensée ou un charme pour l'imagination. On prétend que les gravures et les enjolivements, même les dessins d'un papier sur la muraille, leur donneraient des distractions. Pourquoi orne-t-on de tableaux et de statues les églises et les oratoires, si ce n'est pour élever l'âme, et la ranimer dans ses langueurs par le spectacle d'objets vénérés? Les enfants, dit-on, ont des habitudes de malpropreté ou de maladresse. Ils jettent l'encre partout, ils aiment à détruire. Ces goûts et ces habitudes ne leur viennent pourtant pas de la maison paternelle, où on leur apprend à respecter ce qui est beau ou utile, et où, dès qu'ils ont l'âge de raison, ils ne pensent point à commettre tous ces dégâts, qui n'ont tant d'attraits pour eux, dans les pensions et dans les colléges, que parce que c'est une sorte de vengeance contre la négligence ou la parcimonie dont ils sont l'objet.

Mieux vous les logeriez, plus ils seraient soigneux. Ils regarderaient à deux fois avant de salir un tapis ou de briser un cadre. Ces vilaines murailles nues où vous les enfermez leur deviennent bientôt un objet d'horreur, et ils les renverseraient s'ils le pouvaient. Vous voulez qu'ils travaillent comme des machines, que leur esprit, détaché de toute préoccupation, fonctionne à l'heure, et soit inaccessible à tout ce qui fait la vie et le renouvellement de la vie intellectuelle. C'est faux et impossible. L'enfant qui étudie a déjà tous les besoins de l'artiste qui crée. Il faut qu'il respire un air pur, qu'il ait un peu les aises de son corps, qu'il soit frappé par les images extérieures, et qu'il renouvelle à son gré la nature de ses pensées par l'appréciation de la couleur et de la forme. La nature lui est un spectacle continuel. En l'enfermant dans une chambre nue, malsaine et triste, vous étouffez son cœur et son esprit aussi bien que son corps. Je voudrais que tout fût riant dès le berceau autour de l'enfant des villes. Celui des campagnes a le ciel et les arbres, les plantes et le soleil. L'autre s'étiole trop souvent, au moral et au physique, dans la saleté chez le pauvre, dans le mauvais goût chez le riche, dans l'absence de goût chez la classe moyenne.

Pourquoi les Italiens naissent-ils en quelque sorte avec le sentiment du beau? Pourquoi un maçon de Vérone, un petit marchand de Venise, un paysan de la campagne de Rome aiment-ils à contempler les beaux monuments? Pourquoi comprennent-ils les beaux tableaux, la bonne musique, tandis que nos prolétaires, plus intelligents sous d'autres rapports, et nos bourgeois, élevés avec plus de soin, aiment le faux, le vulgaire, le laid même dans les arts, si une éducation spéciale ne vient redresser leur instinct? C'est que nous vivons dans le laid et dans le vulgaire; c'est que nos parents n'ont pas de goût, et que nous passons le mauvais goût traditionnel à nos enfants.

Entourer l'enfance d'objets agréables et nobles en même temps qu'instructifs ne serait qu'un détail. Il faudrait, avant tout, ne la confier qu'à des êtres distingués soit par le cœur, soit par l'esprit. Je ne conçois donc pas que nos religieuses si belles, si bonnes, et douées de si nobles ou si suaves manières, eussent mis à la tête de la petite classe une personne d'une tournure, d'une figure et d'une tenue repoussantes, avec un langage et un caractère à l'avenant. Grasse, sale, voûtée, bigote, bornée, irascible, dure jusqu'à la cruauté, sournoise, vindicative, elle fut, dès la première vue, un objet de dégoût moral et physique pour moi, comme elle l'était déjà pour toutes mes compagnes.

Il est des natures antipathiques qui ressentent l'aversion qu'elles inspirent, et qui ne peuvent jamais faire le bien, en eussent-elles envie, parce qu'elles éloignent les autres de la bonne voie, rien qu'en les prêchant, et qu'elles sont réduites à *faire leur propre salut* isolément, ce qui est la chose la plus stérile et la moins pieuse du monde. Mademoiselle D*** était de ces natures-là. Je serais injuste envers elle si je ne disais pas le pour et le contre. Elle était sincère dans sa dévotion et rigide pour elle-même ; elle y portait une exaltation farouche qui la rendait intolérante et détestable, mais qui eût été une sorte de grandeur, si elle eût vécu au désert comme les anachorètes, dont elle avait la foi. Dans ses rapports avec nous, son austérité devenait féroce ; elle avait de la joie à punir, de la volupté à gronder, et, dans sa bouche, gronder c'était insulter et outrager. Elle mettait de la perfidie dans ses rigueurs, et feignait de sortir (ce qu'elle n'eût jamais dû faire tant qu'elle tenait la classe) pour écouter aux portes le mal que nous disions d'elle et nous surprendre avec délices en flagrant délit de sincérité. Puis elle nous punissait de la manière la plus bête et la plus humiliante. Elle nous faisait, entre autres platitudes, baiser la terre pour ce qu'elle appelait nos mauvaises paroles. Cela faisait partie de la discipline du couvent ; mais les religieuses se contentaient du simulacre, et feignaient de ne pas voir que nous baisions notre main en nous baissant vers le carreau, tandis que mademoiselle D*** nous poussait la figure dans la poussière, et nous l'eût brisée si nous eussions résisté.

Il était facile de voir que sa personnalité dominait sa rigidité, et qu'elle ressentait une sorte de rage d'être haïe. Il y avait dans la classe une pauvre petite Anglaise de cinq à six ans, pâle, délicate, maladive, un véritable *chacrot,* comme nous disons en Berry pour désigner le plus maigre et le plus fragile oisillon de la couvée. Elle s'appelait Mary Eyre, et mademoiselle D*** faisait son possible pour s'intéresser à elle et peut-être même pour l'aimer maternellement. Mais cela était si peu dans sa nature hommasse et brutale qu'elle n'en pouvait venir à bout. Si elle la réprimandait, elle la frappait de terreur ou l'irritait au point qu'elle était forcée ensuite, pour ne pas céder, de l'enfermer ou de la battre. Si elle s'humanisait jusqu'à plaisanter et vouloir jouer avec elle, c'était comme un ours ferait avec une sauterelle. La petite enrageait et criait toujours, soit par espièglerie mutine, soit par colère et désespoir. Du matin au soir c'était une lutte agaçante, insupportable à voir et à entendre, entre cette vilaine grosse femme et ce maussade et malheureux petit enfant, et tout cela sans préjudice des emportements et des rigueurs dont nous étions toutes l'objet tour à tour.

J'avais désiré entrer à la petite classe, par un sentiment de modestie assez ordinaire chez les enfants dont les parents sont trop vains ; mais je me sentis bientôt humiliée et navrée d'être sous la férule de ce vieux père fouetteur en cotillons sales. Elle se levait de mauvaise humeur, elle se couchait de même. Je ne fus pas trois jours sous ses yeux sans qu'elle me prît en grippe et sans qu'elle me fît comprendre que j'allais avoir affaire à une nature aussi violente que celle de Rose, moins la franchise, l'affection et la bonté du cœur. Au premier regard attentif dont elle m'honora : « *Vous me paraissez une personne fort dissipée,* » me dit-elle, et, dès ce moment, je fus classée parmi ses pires antipathies : car la gaieté lui faisait mal, le rire de l'enfance lui faisait grincer les dents, la santé, la bonne humeur, la jeunesse, en un mot, étaient des crimes à ses yeux.

Nos heures de soulagement et d'expansion étaient celles où une religieuse tenait la classe à sa place, mais cela durait une heure ou deux au plus dans la journée.

C'était un tort de la part de nos religieuses, de s'occuper si peu de nous directement. Nous les aimions ; elles avaient toutes de la distinction, du charme ou de la solennité, quelque chose de doux ou de grave, ne fût-ce que l'extérieur et le costume, qui nous calmait comme par enchantement. Leur claustration, leur renoncement au monde et à la famille avaient ce seul côté utile à la société, qu'elles pouvaient se consacrer à former nos cœurs et nos esprits, et cette tâche leur eût été facile si elles s'en fussent occupées exclusivement ; mais elles prétendaient n'en avoir pas le temps, et elles ne l'avaient pas, en effet, à cause des longues heures qu'elles donnaient aux offices et aux prières. Voilà le mauvais côté des couvents de filles. On y emploie ce qu'on appelle des *maîtresses séculières*, sorte de *pions* femelles qui font les bons apôtres devant les religieuses, et qui abrutissent ou exaspèrent les enfants. Nos religieuses eussent mieux mérité de Dieu, de nos parents et de nous, si elles eussent sacrifié à notre bonheur, et, pour parler leur style, à notre salut, une partie du temps qu'elles consacraient avec égoïsme à travailler au leur.

La religieuse qui relevait de temps en temps ces dames était la mère Alippe : c'était une petite nonne ronde et rosée comme une pomme d'api trop mûre qui commence à se rider. Elle n'était point tendre ; mais elle était juste, et, quoiqu'elle ne me traitât pas fort bien, je l'aimais comme faisaient les autres.

Chargée de notre instruction religieuse, elle m'interrogea, le premier jour, sur le lieu où *languissaient* les âmes des enfants morts sans baptême. Je n'en savais rien du tout ; je ne me doutais pas qu'il y eût un lieu d'exil ou de châtiment pour ces pauvres petites créatures, et je répondis hardiment qu'elles allaient dans le sein de Dieu. « A quoi songez-vous et que dites-vous là, malheureuse enfant? s'écria la mère Alippe. Vous ne m'avez pas entendue. Je vous demande où vont les âmes des enfants morts sans baptême.

Je restai court. Une de mes compagnes prenant mon ignorance en pitié, me souffla à demi-voix : « *Dans les limbes!* » Comme elle était Anglaise, son accent m'embrouilla, et je crus qu'elle me faisait une mauvaise plaisanterie. « *Dans l'Olympe?* » lui dis-je tout haut en me retournant et en éclatant de rire. « *For shame*[1] *!* s'écria la mère Alippe, vous riez pendant le catéchisme? — Pardon, mère Alippe, lui répondis-je, je ne l'ai pas fait exprès. »

Comme j'étais de bonne foi, elle s'apaisa. « Eh bien, dit-elle, puisque c'est malgré vous, vous ne baiserez pas la terre, mais faites le signe de la croix pour vous remettre et vous recueillir.

Malheureusement je ne savais pas faire le signe de la croix. C'était la faute de Rose, qui m'avait appris à toucher l'épaule droite avant l'épaule gauche, et jamais mon vieux curé n'y avait pris garde. A la vue de cette énormité, la mère Alippe fronça le sourcil : « Est-ce que vous le faites exprès? *miss!* — Hélas! non, madame. Quoi donc? — Recommencez-moi ce signe de croix. — Voilà, ma mère! — Encore! — Je le veux bien. Après? — Et c'est ainsi que vous faites toujours? — Mon Dieu oui. —

---

[1] O honte! C'est notre *fi !*

Mon Dieu! Vous avez dit *mon Dieu!* Vous jurez ! — Je ne crois pas. — Ah ! malheureuse, d'où sortez-vous ? C'est une païenne, une véritable païenne, en vérité ! Elle dit que les âmes vont dans l'Olympe ; elle fait le signe de la croix de droite à gauche, et elle dit *mon Dieu* hors de la prière ! Allons, vous apprendrez le catéchisme avec Mary Eyre. Encore en sait-elle plus long que vous ! »

Je ne fus pas très-humiliée, je l'avoue ; je me mordis les lèvres et me pinçai le nez pour ne pas rire ; mais la religion du couvent me parut une si niaise et si ridicule affaire que je résolus d'en prendre à mon aise, et surtout de ne la jamais prendre au sérieux.

Je me trompais. Mon jour devait venir, mais il ne vint pas tant que je fus à la petite classe. J'étais là dans un milieu tout à fait impropre au recueillement, et certes je ne fusse jamais devenue pieuse si j'étais restée sous le joug odieux de mademoiselle D*** et sous la férule un peu pédante de la bonne mère Alippe.

Je n'avais pas de parti pris en entrant au couvent. J'étais plutôt portée à la docilité qu'à la révolte. On a vu que j'y arrivais sans humeur et sans chagrin ; je ne demandais pas mieux que de m'y soumettre à la discipline générale. Mais quand je vis cette discipline si bête à mille égards et si méchamment prescrite par la D***, je mis mon bonnet sur l'oreille, et je m'enrégimentai résolûment dans le *camp des diables*.

On appelait ainsi celles qui n'étaient pas et ne voulaient pas être dévotes. Ces dernières étaient appelées les *sages*. Il y avait une variété intermédiaire qu'on appelait les *bêtes*, et qui ne prenait parti pour personne, riant à gorge déployée des espiègleries des *diables*, baissant les yeux et se taisant aussitôt que paraissaient les maîtresses ou les *sages*, et ne manquant jamais de dire aussitôt qu'il y avait danger : « *Ce n'est pas moi !* »

Au *Ce n'est pas moi* des bêtes égoïstes, quelques-unes complétement lâches prirent bientôt l'habitude d'ajouter : « C'est Dupin ou G***. »

Dupin, c'était moi ; G***, c'était autre chose : c'était la figure la plus saillante de la petite classe, et la plus excentrique de tout le couvent.

C'était une Irlandaise de onze ans, beaucoup plus grande et plus forte que moi, qui en avais treize. Sa voix pleine, sa figure franche et hardie, son caractère indépendant et indomptable lui avaient fait donner le surnom du *garçon ;* et quoique ce fût bien une femme, qui a été belle depuis, elle n'était pas de notre sexe par le caractère. C'était la fierté et la sincérité mêmes, une belle nature en vérité, une force physique tout à fait virile, un courage plus que viril, une intelligence rare, une complète absence de coquetterie, une activité exubérante, un profond mépris pour tout ce qui est faux et lâche dans la société. Elle avait beaucoup de frères et de sœurs, dont deux au couvent, l'une desquelles (Marcella), personne excellente, est restée fille, et l'autre (Henriette), aimable enfant alors, est devenue madame Vivien.

Mary G*** (le garçon) était sortie pour cause d'indisposition lorsque j'entrai au couvent. On m'en fit un portrait effroyable. Elle était la terreur des *bêtes,* et naturellement les bêtes étaient venues à moi pour commencer. Les *sages* m'avaient tâtée, et comme elles craignaient le bruit et la pétulance de Mary, elles tâchèrent de me mettre en garde contre elle. J'avoue qu'au portrait qu'on m'en fit, j'eus peur aussi. Il y avait des futées qui disaient d'un air mystérieux et qui croyaient fermement que c'était un garçon dont ses parents voulaient absolument faire une fille. Elle cassait tout, elle tourmentait tout le monde, elle était plus forte que le jardinier; elle ne permettait pas aux laborieuses de travailler; c'était un fléau, une peste. Malheur à qui oserait lui tenir tête! « Nous verrons bien, disais-je, je suis forte aussi, je ne suis pas poltronne, et j'aime bien qu'on me laisse dire et penser à ma guise. » Pourtant je l'attendais avec une sorte d'anxiété. Je n'aurais pas voulu me sentir une ennemie, une antipathie même, parmi mes compagnes. C'était bien assez de la D***, l'ennemie commune,

Mary arriva, et dès le premier regard sa figure sincère me fut sympathique. « C'est bon, me dis-je, nous nous entendrons de reste. » Mais c'était à elle, comme plus ancienne, à me faire les avances. Je l'attendis fort tranquillement.

Elle débuta par des railleries : « Mademoiselle s'appelle *Du pain? some bread?* elle s'appelle Aurore? *rising-sun?* lever du soleil? les jolis noms! et la belle figure! Elle a la tête d'un cheval sur le dos d'une poule. Lever du soleil, je me prosterne devant vous; je veux être le tournesol qui saluera vos premiers rayons. Il paraît que nous prenons les limbes pour l'Olympe ; jolie éducation, ma foi, et qui nous promet de l'amusement! »

Toute la classe partit d'un immense éclat de rire. Les bêtes surtout riaient à se décrocher la mâchoire. Les sages étaient bien aises de voir aux prises deux diables dont elles craignaient l'association.

Je me mis à rire d'aussi bon cœur que les autres. Mary vit du premier coup d'œil que je n'avais pas de dépit, parce que je n'avais pas de vanité. Elle continua de me railler, mais sans aigreur, et, une heure après, elle me donna sur l'épaule une tape à tuer un bœuf, que je lui rendis sans sourciller et en riant. « C'est bon, cela! dit-elle en se frottant l'épaule. Allons-nous promener. — Où? — Partout, excepté dans la classe. — Comment faire? — C'est bien malin! Regardez-moi et faites de même. »

On se levait pour changer de table, la mère Alippe entrait avec ses livres et ses cahiers. Mary profite du remue-ménage, et, sans prendre la moindre précaution, sans être observée cependant de personne, franchit la porte et va s'asseoir dans le cloître désert, où, trois minutes après, je vais la rejoindre sans plus de cérémonie.

« Te voilà? me dit-elle, qu'as-tu inventé pour sortir?

— Rien du tout, j'ai fait ce que je t'ai vue faire.

— C'est très-bien, cela! dit-elle. Il y en a qui font des histoires, qui demandent à aller étudier le piano, ou qui ont un saignement de nez, ou qui prétendent qu'elles vont faire une prière de santé dans l'église, ce sont des prétextes usés et des mensonges inutiles. Moi, j'ai supprimé le mensonge, parce que le mensonge est lâche. Je sors, je rentre, on me questionne, je ne réponds pas. On me punit, je m'en moque, et je fais tout ce que je veux.

— Cela me va.
— Tu es donc diable?
— Je veux l'être.
— Autant que moi?
— Ni plus ni moins.
— Accepté! fit-elle en me donnant une poignée de main. Rentrons maintenant et tenons-nous tranquilles devant la mère Alippe. C'est une bonne

femme, réservons-nous pour la D***. Tous les soirs, hors de classe, entends-tu?

— Qu'est-ce que cela, hors de classe?

— Les récréations du soir dans la classe, sous les yeux de la D***, sont fort ennuyeuses. Nous, nous disparaissons en sortant du réfectoire, et nous ne rentrons plus que pour la prière. Quelquefois la D*** n'y prend pas garde, le plus souvent, elle en est enchantée, parce qu'elle a le plaisir de nous injurier et de nous punir quand nous rentrons. La punition c'est d'avoir son bonnet de nuit tout le lendemain sur la tête, même à l'église. Dans ce temps-ci, c'est fort agréable et bon pour la santé. Les religieuses qui vous rencontrent ainsi font des signes de croix et crient : *Shame! shame*[1]! cela ne fait de mal à personne. Quand on a eu beaucoup de bonnets de nuit dans la quinzaine, la supérieure vous menace de vous priver de sortir. Elle se laisse fléchir par les parents ou elle oublie. Quand le bonnet de nuit est un état chronique, elle se décide à vous tenir renfermée; mais qu'est-ce que cela fait? ne vaut-il pas mieux renoncer à un jour de plaisir que de s'ennuyer volontairement tous les jours de sa vie?

— C'est fort bien raisonné; mais la D***, que fait-elle quand elle vous déteste à l'excès?

---

[1] Honte! honte!

— Elle vous injurie comme une poissarde qu'elle est. On ne lui répond rien, elle enrage d'autant plus.

— Vous frappe-t-elle ?

— Elle en meurt d'envie, mais elle n'a pas de prétexte pour en venir là, parce que les unes tremblent devant elle, comme les sages et les bêtes, et les autres, comme nous, la méprisent et se taisent.

— Combien sommes-nous de diables dans la classe?

— Pas beaucoup dans ce moment-ci, et il était temps que tu vinsses nous renforcer un peu. Il y a Isabelle, Sophie et nous deux. Toutes les autres sont des bêtes ou des sages. Dans les sages, il y a Louise de la Rochejaquelein et Valentine de Gouy, qui ont autant d'esprit que des diables et qui sont bonnes, mais pas assez hardies pour planter là la classe. Mais sois tranquille, il y en a de la grande classe qui sortent de même et qui viendront nous rejoindre ce soir. Ma sœur Marcella en est quelquefois.

— Et alors que fait-on?

— Tu verras, tu seras initiée ce soir. »

J'attendis la nuit et le souper avec grande impatience. Au sortir du réfectoire on entrait en récréation. Dans l'été les deux classes se mêlaient dans le jardin. Dans l'hiver (et nous étions en hiver) chaque classe rentrait chez elle, les grandes dans leur belle et spacieuse salle d'études, nous dans notre triste local, où nous n'avions pas assez d'espace pour jouer, et où la D*** nous forçait à nous *amuser tranquillement,* c'est-à-dire à ne pas nous amuser du tout. La sortie du réfectoire amenait un moment de confusion, et j'admirai combien les *diables* des deux classes s'entendaient à faire naître ce petit désordre, à la faveur duquel on s'échappait aisément. Le cloître n'était éclairé que par une petite lampe qui laissait les trois autres galeries dans une quasi-obscurité. Au lieu de marcher tout droit pour gagner la petite classe, on se jetait dans la galerie de gauche, on laissait défiler le troupeau, et on était libre.

Je me trouvai donc dans les ténèbres avec mon amie G*** et les autres diables qu'elle m'avait annoncées. Je ne me rappelle de celles qui furent des nôtres ce soir-là que Sophie et Isabelle, c'étaient les plus grandes de la petite classe. Elles avaient deux ou trois ans de plus que moi, c'étaient deux charmantes filles. Isabelle, blonde, grande, fraîche, plus agréable que jolie, du caractère le plus enjoué, railleuse quoique bonne, remarquable et remarquée surtout pour le talent, la facilité et l'abondance de son crayon. Elle était assurément douée d'un certain génie pour le dessin. J'ignore ce qu'est devenu ce don naturel; mais il eût pu lui faire un nom et une fortune s'il eût été développé. Elle avait ce que n'avait aucune de nous, ce que n'ont pas ordinairement les femmes, ce qu'on ne nous enseignait pas du tout, quoique nous eussions un maître de dessin : elle savait véritablement dessiner. Elle pouvait composer heureusement un sujet compliqué, elle créait en un clin d'œil, et sans paraître y songer, des masses de personnages tous vrais de mouvement, tous comiques avec une certaine grâce, tous groupés avec une sorte de *maestria*. Elle ne manquait pas d'esprit, mais le dessin, la caricature, la composition folle servaient principalement de manifestation à cet esprit à la fois méditatif et spontané, romanesque, fantasque, satirique et enthousiaste. Elle prenait un morceau de papier, et, avec sa plume éclaboussante ou un mauvais bout de fusain, que l'œil avait peine à suivre, elle jetait là des centaines de figures bien agencées, hardiment dessinées et toutes bien employées dans le sujet, qui était toujours original, souvent bizarre. C'étaient des processions de nonnes qui traversaient un cloître gothique ou un cimetière au clair de la lune. Les tombes se soulevaient à leur approche, les morts dans leurs suaires commençaient à s'agiter. Ils sortaient, ils se mettaient à chanter, à jouer de divers instruments, à prendre les nonnes par les mains, à les faire danser. Les nonnes avaient peur, les unes se sauvaient en criant, les autres s'enhardissaient, entraient en danse, laissaient tomber leurs voiles, leurs manteaux, et s'en allaient se

CHAPITRE ONZIÈME.

perdre en tournoyant et en cabriolant avec les spectres dans la nuit brumeuse.

D'autres fois c'étaient de fausses religieuses, qui avaient des pieds de chèvre ou des bottes Louis XIII avec d'énormes éperons se trahissant sous leurs robes traînantes par un mouvement imprévu. Le romantisme n'était pas encore découvert, et déjà elle y nageait en plein sans savoir ce qu'elle faisait. Sa vive imagination lui avait fourni cent sujets de danses macabres, quoiqu'elle n'en eût jamais entendu parler et qu'elle n'en connût pas le nom. La mort et le diable jouaient tous les rôles, tous les personnages possibles dans ses compositions terribles et burlesques. Et puis c'étaient des scènes d'intérieur, des caricatures frappantes de toutes les religieuses, de toutes les pensionnaires, des servantes, des maîtres d'agrément, des professeurs, des visiteurs, des prêtres, etc. Elle était le chroniqueur fidèle et éternellement fécond de tous les petits événements, de toutes les mystifications, de toutes les paniques, de toutes les batailles, de tous les amusements et de tous les ennuis de notre vie monastique. Le drame incessant de mademoiselle D*** avec Mary Eyre lui fournissait chaque jour vingt pages plus vraies, plus piteuses, plus drôles les unes que les autres. Enfin on ne pouvait pas plus se lasser de la voir inventer qu'elle ne se lassait d'inventer elle-même. Comme elle créait ainsi à la dérobée, à toute heure, pendant les leçons, sous l'œil même de nos argus, elle n'avait souvent que le temps de déchirer la page, de la rouler dans ses mains et de la jeter par la fenêtre ou dans le feu, pour échapper à une saisie qui eût amené de vives réprimandes ou de sévères punitions. Combien le poêle de la petite classe n'a-t-il pas dévoré de ses chefs-d'œuvre inconnus! Je ne sais si l'imagination rétrospective ne m'en exagère pas le mérite, mais il me semble que toutes ces créations sacrifiées aussitôt que produites sont fort regrettables, et qu'elles eussent surpris et intéressé un véritable maître.

Sophie était l'amie de cœur d'Isabelle. C'était une des plus jolies, et la plus gracieuse personne du couvent. Sa taille souple, fine et arrondie en même temps, avait des poses d'une langueur britannique, moins la gaucherie habituelle à ces insulaires. Elle avait le cou rond, fort et allongé, avec une petite tête dont les mouvements onduleux étaient pleins de charmes : les plus beaux yeux du monde, le front droit, court et obstiné, inondé d'une forêt de cheveux bruns et brillants; son nez était vilain et ne réussissait pas à gâter sa figure ravissante d'ailleurs. Elle avait une bouche, chose rare chez les Anglaises, une bouche de rose bien littéralement remplie de petites perles, une fraîcheur admirable, la peau veloutée, très-blanche pour une peau brune.

Enfin on l'appelait le bijou. Elle était bonne et sentimentale, exaltée dans ses amitiés, implacable dans ses aversions, mais ne les manifestant que par un muet et invincible dédain. Elle était adorée d'un grand nombre et ne daignait aimer que peu d'élues. Je me pris pour elle et pour Isabelle d'une grande tendresse qui me fut rendue avec plus de protection que d'élan. C'était dans l'ordre. J'étais un enfant pour elles.

Quand nous fûmes réunies dans le cloître, je vis que toutes étaient armées, qui d'une bûche, qui d'une pincette. Je n'avais rien, j'eus l'audace de rentrer dans la classe, de m'emparer d'une barre de fer qui servait à attiser le poêle, et de retourner auprès de mes complices sans être remarquée.

Alors on m'initia au grand secret, et nous partîmes pour notre expédition.

Ce grand secret, c'était la légende traditionnelle du couvent, une rêverie qui se transmettait d'âge en âge et de *diable en diable* depuis deux siècles peut-être; une fiction romanesque qui pouvait bien avoir eu quelque fond de réalité dans le principe, mais qui ne reposait certainement plus que sur le besoin de nos imaginations. Il s'agissait de *délivrer la victime.* Il y avait quelque part une prisonnière, on disait même plusieurs prisonnières, enfermées dans un réduit impénétrable, soit cellule cachée et murée dans l'épaisseur des murailles, soit cachot situé sous les voûtes des immenses souterrains qui s'étendaient sous le monastère et sous une grande partie du quartier Saint-Victor. Il y avait, en réalité, des caves magnifiques, une véritable ville souterraine dont nous n'avons jamais vu la fin, et qui offrait plusieurs sorties mystérieuses sur divers points du vaste emplacement du couvent. On assurait que ces caves allaient, très-loin de là, se relier aux excavations qui se prolongent sous une grande moitié de Paris, et sous les campagnes environnantes jusque vers Vincennes. On disait qu'en suivant les belles caves de notre couvent on pouvait aller rejoindre les catacombes, les carrières, le palais des Thermes de Julien, que sais-je? Ces souterrains étaient la clef d'un monde de ténèbres, de terreurs, de mystères, un immense abîme creusé sous nos pieds, fermé de portes de fer, et dont l'exploration était aussi périlleuse que la descente aux enfers d'Énée ou du Dante. C'est pour cela qu'il fallait absolument y pénétrer en dépit des difficultés insurmontables de l'entreprise et des punitions terribles qu'eût provoquées la découverte de notre secret.

Parvenir dans les souterrains, c'était une de ces fortunes inespérées qui arrivaient une fois, deux fois au plus dans la vie d'un *diable* après des années de persévérance et de contention d'esprit. Y entrer par la porte principale, il n'y fallait pas songer.

CHAPITRE ONZIÈME.

Cette porte était située au bas d'un large escalier, à côté des cuisines, qui étaient des caves aussi, et où se tenaient toujours les sœurs converses.

Mais nous étions persuadées qu'on pouvait entrer dans les souterrains par mille autres endroits, fût-ce par les toits. Selon nous, toute porte condamnée, tout recoin obscur sous un escalier, toute muraille qui sonnait le creux, pouvait être en communication mystérieuse avec les souterrains, et nous cherchions de bonne foi cette communication jusque sous les combles.

J'avais lu avec délices, avec terreur, à Nohant, le *Château des Pyrénées* de madame Radcliffe. Mes compagnes avaient dans la cervelle bien d'autres légendes écossaises et irlandaises à faire dresser les cheveux sur la tête. Le couvent avait aussi à foison ses histoires de drames lamentables, de revenants, de cachettes, d'apparitions inexpliquées, de bruits mystérieux. Tout cela, et l'idée de découvrir enfin le formidable secret de *la victime*, allumait tellement nos folles imaginations, que nous nous persuadions entendre des soupirs, des gémissements partir de dessous les pavés ou s'exhaler par les fissures des portes et des murs.

Nous voilà donc lancées, mes compagnes pour la centième fois, moi pour la première, à la recherche de cette introuvable captive qui languissait on ne savait où, mais quelque part certainement, et que nous étions peut-être appelées à découvrir. Elle devait être bien vieille depuis tant d'années qu'on la cherchait en vain! Elle pouvait bien avoir deux cents ans, mais nous n'y regardions pas de si près. Nous la cherchions, nous l'appelions, nous y pensions sans cesse, nous ne désespérions jamais.

Ce soir-là on me conduisit dans la partie des bâtiments que j'ai déjà esquissée, la plus ancienne, la plus disloquée, la plus excitante pour nos explorations. Nous nous attachâmes à un petit couloir bordé d'une rampe en bois et donnant sur une cage vide et sans issue connue. Un escalier, également bordé d'une rampe, descendait à cette région ignorée; mais une porte en chêne défendait l'entrée de l'escalier. Il fallait tourner l'obstacle en passant d'une rampe à l'autre, et en marchant sur la face extérieure des balustres vermoulus. Au-dessous il y avait un vide sombre dont nous ne pouvions apprécier la profondeur. Nous n'avions qu'une petite bougie roulée (*un rat*), qui n'éclairait que les premières marches de l'escalier mystérieux. C'était un jeu à nous casser le cou. Isabelle y passa la première avec la résolution d'une héroïne, Mary avec la tranquillité d'un professeur de gymnastique, les autres avec plus ou moins d'adresse, mais toutes avec bonheur.

Nous voici enfin sur cet escalier si bien défendu. En un instant nous sommes au bas des degrés, et,

CHAPITRE ONZIÈME.

avec plus de joie que de désappointement, nous nous trouvons dans un espace carré situé sous la galerie, une véritable impasse. Pas de porte, pas de fenêtre, pas de destination explicable à cette sorte de vestibule sans issue. Pourquoi donc un escalier pour descendre dans une impasse? pourquoi une porte solide et cadenassée pour en fermer l'escalier?

On divise en plusieurs bouts la petite bougie, et chacune examine de son côté. L'escalier est en bois. Il faut qu'une marche à secret ouvre un passage, un escalier nouveau, ou une trappe cachée. Tandis que les unes explorent l'escalier et s'essayent à en disjoindre les vieux ais, les autres tâtent le mur, y cherchent un bouton, une fente, un anneau, un de ces mille engins qui, dans les romans de Radcliffe et dans les chroniques des vieux manoirs, font mouvoir une pierre, tourner un pan de boiserie, ouvrir une entrée quelconque vers des régions inconnues.

Mais, hélas, rien! le mur est lisse et crépi en plâtre. Le carreau rend un son mat, aucune dalle ne se soulève, l'escalier ne recèle aucun secret. Isabelle ne se décourage pas. Au plus profond de l'angle qui rentre sous l'escalier, elle déclare que la muraille sonne le creux, on frappe, on vérifie le fait. « C'est là, s'écrie-t-on. Il y a là un passage muré, mais ce passage est celui de la fameuse cachette. Par là on descend au sépulcre qui renferme des victimes vivantes. » On colle l'oreille à ce mur, on n'entend rien, mais Isabelle affirme qu'elle entend des plaintes confuses, des grincements de chaines. Que faire? « C'est tout simple, dit Mary, il faut démolir le mur. A nous toutes, nous pourrons bien y faire un trou. »

Rien ne nous paraissait plus facile; nous voilà travaillant ce mur, les unes essayant de l'enfoncer avec leurs bûches, les autres l'écorchant avec les pelles et les pincettes, sans penser qu'à tourmenter ainsi ces pauvres murailles tremblantes nous risquions de faire écrouler le bâtiment sur nos têtes. Nous ne pouvions heureusement lui faire grand mal, parce que nous ne pouvions pas frapper sans attirer quelqu'un par le bruit retentissant des coups de bûche. Il fallait nous contenter de pousser et de gratter. Cependant nous avions réussi à entamer assez notablement le plâtre, la chaux et les pierres, quand l'heure de la prière vint à sonner. Nous n'avions que le temps de recommencer notre périlleuse escalade, d'éteindre nos lumières, de nous séparer et de regagner les classes à tâtons. Nous remîmes au lendemain la poursuite de l'entreprise, et rendez-vous fut pris au même lieu. Celles qui y arriveraient les premières n'attendraient pas celles qu'une punition ou une surveillance inusitée retarderait. On travaillerait à creuser le mur, chacune de son mieux. Ce serait autant de fait pour le jour suivant. Il n'y avait pas de risque qu'on s'en aperçût, personne ne descendant jamais dans cette impasse abandonnée aux souris et aux araignées.

Nous nous aidâmes les unes les autres à faire disparaître la poussière et le plâtre dont nous étions couvertes, nous regagnâmes le cloître et nous rentrâmes dans nos classes respectives comme on se mettait à genoux pour la prière. Je ne me souviens plus si nous fûmes remarquées et punies ce soir-là. Nous le fûmes si souvent, qu'aucun fait de ce genre ne prend une date particulière dans le nombre. Mais bien souvent aussi nous pûmes poursuivre impunément notre œuvre. Mademoiselle D*** tricotait, le soir, tout en babillant et se querellant avec Mary Eyre. La classe était sombre, et je crois qu'elle n'avait pas la vue bonne. Tant il y a, qu'avec la rage de l'espionnage, elle n'avait pas le don de la clairvoyance, et qu'il nous était toujours facile de nous échapper. Une fois que nous étions *hors de classe*, où nous prendre dans ce village qu'on appelait le couvent? Mademoiselle D*** n'avait pas d'intérêt à faire un esclandre et à signaler nos fréquentes escapades à la communauté. On lui eût reproché de ne savoir pas empêcher ce dont elle se plaignait. Nous étions parfaitement indifférentes au bonnet de nuit et aux déclamations furibondes de l'aimable personne. La supérieure, qui était politiquement indulgente, ne se laissait pas aisément persuader de nous priver de sorties. Elle seule avait le droit de prononcer cet arrêt suprême. La discipline était donc fort peu rigoureuse, en dépit du méchant caractère de la surveillante.

La poursuite du grand secret, la recherche de la cachette dura tout l'hiver que je passai à la petite classe. Le mur de l'impasse fut notablement dégradé, mais nous n'arrivâmes qu'à des traverses de bois devant lesquelles il fallut s'arrêter. On chercha ailleurs, on fouilla dans vingt endroits différents, toujours sans obtenir le moindre succès, toujours sans perdre l'espérance.

Un jour nous imaginâmes de chercher sur les toits quelque fenêtre en mansarde qui fût comme la clef supérieure du monde souterrain tant rêvé. Il y avait beaucoup de ces fenêtres dont nous ne savions pas la destination. Sous les combles existait une petite chambre où l'on allait étudier un des trente pianos épars dans l'établissement. Chaque jour on avait une heure pour cette étude, dont fort peu d'entre nous se souciaient. J'avais bonne envie d'étudier pourtant, j'adorais toujours la musique. J'avais un excellent maître, M. Pradher. Mais je devenais bien plus artiste pour le roman que pour la musique, car quel plus beau poëme que le roman en action que nous poursuivions à frais communs d'imagination, de courage et d'émotions palpitantes?

CHAPITRE ONZIÈME.

L'heure du piano était donc tous les jours l'heure des aventures, sans préjudice de celles du soir. On se donnait rendez-vous dans une de ces chambres éparses, et de là on partait pour le *je ne sais où*, et le *comme il vous plaira* de la fantaisie.

Donc, de la mansarde où j'étais censée faire des gammes, j'observai un labyrinthe de toits, d'auvents, d'appentis, de soupentes, le tout couvert en tuiles moussues et orné de cheminées éraillées, qui offrait un vaste champ à des explorations nouvelles. Nous voilà sur les toits; je ne sais plus avec qui j'étais, mais je sais que Fanelly (dont je parlerai plus tard) conduisait la marche. Sauter par la fenêtre ne fut pas bien difficile. A six pieds au-dessous de nous s'étendait une gouttière formant couture entre deux pignons. Escalader ces pignons, en rencontrer d'autres, sauter de pente en pente, voyager comme les chats, c'était plus imprudent que difficile, et le danger nous stimulait, loin de nous retenir.

Il y avait dans cette manie de *chercher la victime* quelque chose de profondément bête, et aussi quelque chose d'héroïque : bête, parce qu'il nous fallait supposer que ces religieuses dont nous adorions la douceur et la bonté exerçaient sur quelqu'un quelque épouvantable torture; héroïque, parce que nous risquions tous les jours notre vie pour délivrer un être imaginaire, objet des préoccupations les plus généreuses et des entreprises les plus chevaleresques.

Nous étions là depuis une heure, découvrant le jardin, dominant toute une partie des bâtiments et des cours, et prenant bien soin de nous blottir derrière une cheminée quand nous apercevions le voile noir d'une religieuse qui eût pu lever la tête et nous voir dans les nuages, lorsque nous nous demandâmes comment nous reviendrions sur nos pas. La disposition des toits nous avait permis de descendre et de sauter de haut en bas. Remonter n'était pas aussi facile. Je crois même que sans échelle c'était complétement impossible. Nous ne savions plus guère où nous étions. Enfin nous reconnûmes la fenêtre d'une pensionnaire en chambre, Sidonie Macdonald, fille du célèbre général. On pouvait y atteindre en faisant un dernier saut. Celui-là était plus périlleux que les autres. J'y mis trop de précipitation, et donnai du talon dans une croisée horizontale qui éclairait une galerie, et par laquelle je fusse tombée de trente pieds de haut dans les environs de la petite classe, si le hasard de ma maladresse ne m'eût fait dévier un peu. J'en fus quitte pour deux genoux très-écorchés sur les tuiles; mais ce ne fut point là l'objet de ma préoccupation. Mon talon avait enfoncé une partie du châssis de cette maudite fenêtre, et brisé une demi-douzaine de vitres, qui tombèrent avec un fracas épouvantable à l'inté-

CHAPITRE ONZIÈME.

rieur, tout près de l'entrée des cuisines. Aussitôt une grande rumeur s'élève parmi les sœurs converses, et, par l'ouverture que je viens de faire, nous entendons la voix retentissante de la sœur Thérèse qui crie aux chats et qui accuse Whisky, le maître matou de la mère Alippe, de se prendre de querelle avec tous ses confrères, et de briser toutes les vitres de la maison. Mais la sœur Marie défendait les mœurs du chat, et la sœur Hélène assurait qu'une cheminée venait de s'écrouler sur les toits. Ce débat nous causa ce fou rire nerveux chez les petites filles que rien ne peut arrêter. Nous entendions monter les escaliers, nous allions être surprises en flagrant délit de promenade sur les toits, et nous ne pouvions faire un pas pour chercher un refuge. Fanelly était couchée tout de son long dans la gouttière ; une autre cherchait son peigne. Quant à moi, j'étais bien autrement empêchée. Je venais de découvrir qu'un de mes souliers avait quitté mon pied, qu'il avait traversé le châssis brisé, et qu'il était allé tomber à l'entrée des cuisines. J'avais les genoux en sang, mais le fou rire était si violent que je ne pouvais articuler un mot, et que je montrais mon pied déchaussé en indiquant l'aventure par signes. Ce fut une nouvelle explosion de rires, et cependant l'alarme était donnée, les sœurs converses approchaient.

Bientôt nous nous rassurâmes. Là où nous étions

abritées et cachées par des toits qui surplombaient, il n'était guère possible de nous découvrir sans monter par une échelle à la fenêtre brisée, ou sans suivre le même chemin que nous avions pris. C'était de quoi nous pouvions bien défier toutes les nonnes. Aussi, quand nous eûmes reconnu l'avantage de notre position, commençâmes-nous à faire entendre des miaulements homériques afin que Whisky et sa famille fussent atteints et convaincus à notre place. Puis nous gagnâmes la fenêtre de Sidonie, qui nous reçut fort mal. La pauvre enfant étudiait son piano et ne s'inquiétait pas des hurlements félins qui frappaient vaguement son oreille. Elle était maladive et nerveuse, fort douce, et incapable de comprendre le plaisir que nous pouvions trouver à courir les toits. Quand elle nous entendit débusquer en masse par sa fenêtre, à laquelle, en jouant du piano, elle tournait le dos, elle jeta des cris perçants. Nous ne prîmes guère le temps de la rassurer. Ses cris allaient attirer les nonnes, nous nous élançâmes dans sa chambre, gagnant la porte avec précipitation, tandis que debout, tremblante, les yeux hagards, elle voyait défiler cette étrange procession sans y rien comprendre, sans pouvoir reconnaître aucune de nous, tant elle était effarée.

En un instant nous fûmes dispersées : l'une remontait à la chambre haute d'où nous étions parties et parcourait le piano à tour de bras; une autre

CHAPITRE ONZIÈME.

faisait un grand détour pour regagner la classe. Quant à moi, il me fallait aller à la recherche de mon soulier, et reprendre cette pièce de conviction s'il en était temps encore. Je parvins à ne pas rencontrer les sœurs converses et à trouver l'entrée des cuisines libre. « *Audaces fortuna juvat,* » me disais-je en songeant aux aphorismes que Deschartres m'avait enseignés. Et, en effet, je retrouvai le soulier fortuné, qui était venu tomber dans un endroit sombre et qui n'avait frappé les regards de personne. Whisky seul fut accusé. J'eus grand mal aux genoux pendant quelques jours, mais je ne m'en vantai point, et les explorations ne furent pas ralenties.

Il me fallait bien toute cette excitation romanesque pour lutter contre le régime du couvent, qui m'était fort contraire. Nous étions assez convenablement nourries, et c'est d'ailleurs la chose dont je me suis toujours souciée le moins, mais nous souffrions du froid de la manière la plus cruelle, et l'hiver fut très-rigoureux cette année-là. Les habitudes du lever et du coucher m'étaient aussi nuisibles que désagréables. J'ai toujours aimé à veiller tard et à ne pas me lever de bonne heure. A Nohant on m'avait laissée faire ; je lisais ou j'écrivais le soir dans ma chambre, et on ne me forçait pas à affronter le froid des matinées. J'ai la circulation lente, et le mot *sang-froid* peint au physique et au moral mon organisation. Diable parmi les diables du couvent, je ne me démontais jamais, et je faisais les plus grandes folies du monde avec un sérieux qui réjouissait fort mes complices ; mais j'étais bien réellement paralysée par le froid, surtout pendant la première moitié de la journée. Le dortoir, situé sous le toit en mansarde, était si glacial que je ne m'endormais pas et que j'entendais tristement sonner toutes les heures de la nuit. A six heures, les deux servantes Marie-Josèphe et Marie-Anne venaient nous éveiller impitoyablement. Se lever et s'habiller à la lumière m'a toujours paru fort triste. On se lavait dans de l'eau dont il fallait briser la glace et qui ne lavait pas. On avait des engelures, les pieds enflés saignaient dans les souliers trop étroits. On allait à la messe à la lueur des cierges, on grelottait sur son banc, ou on dormait à genoux dans l'attitude du recueillement. A sept heures, on déjeunait d'un morceau de pain et d'une tasse de thé. On voyait enfin, en entrant en classe, poindre un peu de clarté dans le ciel et un peu de feu dans le poêle. Moi, je ne dégelais que vers midi, j'avais des rhumes épouvantables, des douleurs aiguës dans tous les membres ; j'en ai souffert après pendant quinze ans.

Mais Mary ne pouvait supporter la plainte ; forte comme un garçon, elle raillait impitoyablement quiconque n'était pas stoïque. Elle me rendit ce service de me rendre impitoyable à moi-même. J'y eus quelque mérite, car je souffrais plus que personne, et l'air de Paris me tuait déjà.

Jaune, apathique et muette, je paraissais en classe la personne la plus calme et la plus soumise. Jamais je n'eus avec la féroce D*** qu'une seule altercation que je raconterai plus tard. Je n'étais point *répondeuse*, je ne connaissais pas la colère, je ne me souviens pas d'en avoir eu la plus légère velléité pendant les trois ans que j'ai passés au couvent. Grâce à ce caractère, je n'y ai jamais eu qu'une seule ennemie, et je n'y ai par conséquent ressenti qu'une seule antipathie, c'est pour cela que j'ai gardé une sorte de rancune à cette D*** qui m'a fait connaître là le sentiment le plus opposé à mon organisation. J'ai toujours été aimée, même dans mon temps de pire diablerie, des compagnes les plus maussades et des maîtresses ou des nonnes les plus exigeantes. La supérieure disait à ma grand'-mère que j'étais une *eau qui dort*. Paris avait glacé en moi cette fièvre de mouvement que j'avais subie à Nohant. Tout cela ne m'empêchait pas de courir sur les toits au mois de décembre, et de passer des soirées entières nu-tête dans le jardin en plein hiver; car, dans le jardin aussi, nous cherchions le grand secret, et nous y descendions par les fenêtres quand les portes étaient fermées. C'est qu'à ces heures-là nous vivions par le cerveau, et je ne m'apercevais plus que j'eusse un corps malade à porter.

Avec tout cela, avec ma figure pâle et mon air transi, dont Isabelle faisait les plus plaisantes caricatures, j'étais gaie intérieurement. Je riais fort peu, mais le rire des autres me réjouissait les oreilles et le cœur. Une extravagance ne me faisait pas bondir de joie, mais je la couronnnais gravement par une pire extravagance, et j'avais plus de succès que personne auprès des bêtes, qui ne me haïssaient pas, et qui surtout se fiaient à ma générosité.

Par exemple, il arrivait souvent que toute la classe fût punie pour le méfait d'un diable ou pour la maladresse d'une bête. Les bêtes ne voulaient pas se trahir entre elles ; mais elles eussent trahi les diables si elles l'eussent osé ; seulement elles n'osaient pas. Tout tremblait devant G***, et pourtant G*** était bonne et n'employa jamais sa force à maltraiter les faibles ; mais elle avait de l'esprit comme douze diables, et ses moqueries exaspéraient celles qui n'y savaient pas répondre. Isabelle se faisait craindre par ses caricatures, Lavinia par ses grands airs de mépris. Moi seule je ne me faisais craindre par rien ; j'étais diable avec les diables, bête avec les bêtes, le tout par laisser aller de caractère ou par langueur physique. Je conquis tout à fait ces dernières en leur épargnant les punitions collectives. Aussitôt que la maîtresse disait : « Toute la classe

CHAPITRE ONZIÈME.

en pénitence, si je ne découvre pas la coupable, » je me levais et je disais : « *C'est moi.* » Mary, qui me donnait le bon exemple en toutes choses, suivit le mien en celle-ci, et on nous en sut gré.

Ma bonne maman allait quitter Paris, elle obtint de me faire sortir deux ou trois jeudis de suite. La supérieure n'osa pas trop lui dire que j'étais notée par toutes les maîtresses et tous les professeurs comme ne faisant absolument rien, et que le *bonnet de nuit* était ma coiffure habituelle. Ma grand'mère eût peut-être pensé alors que je perdais mon temps et qu'il valait mieux me reprendre avec elle. On passa donc légèrement sur ma dissipation et mes escapades.

Je me promettais une grande joie de ces sorties. Il n'en fut rien. J'avais déjà pris l'habitude de la vie en commun, habitude si douce aux caractères mélancoliques, et mon caractère était à la fois le plus triste et le plus enjoué de tout le couvent : triste par la réflexion, quand je retombais sur moi-même, avec mon corps souffreteux et endolori, avec le souvenir de mes chagrins de famille ; gai, quand le rire de mes compagnes, la brusque interpellation de ma chère Mary, la plaisanterie originale de ma romanesque Isabelle, venaient m'arracher au sentiment de ma propre existence et me communiquer la vie qui était dans les autres.

Chez ma bonne maman, tout mon passé amer,

tout mon présent tourmenté, tout mon avenir incertain me revenaient. On s'occupait trop de moi, on me questionnait, on me trouvait changée, alourdie, distraite. Quand la nuit était venue, on me reconduisait au couvent. Ce passage du petit salon chaud, parfumé, éclairé de ma grand'mère, au cloître obscur, vide et glacé; des tendres caresses de la bonne maman, de la petite mère et du grand-oncle, au bonsoir froid et rechigné des portiers et des tourières me navrait le cœur un instant. Je frissonnais en traversant seule ces galeries pavées de tombeaux : mais au bout du cloître déjà la suavité de la retraite se faisait sentir. La madone de Vanloo avait l'air de sourire pour moi. Je n'étais pas dévote envers elle, mais déjà sa petite lampe bleuâtre me jetait dans une rêverie vague et douce. Je laissais derrière moi un monde d'émotions trop fortes pour mon âge, et d'exigences de sentiment qu'on ne m'avait pas assez ménagées. J'entendais la voix de Mary m'appeler avec impatience. Les *petites bêtes* venaient curieusement s'enquérir de ce que j'avais vu dans la journée. « Comme c'est triste de rentrer ! » me disait-on. Je ne répondais pas. Je ne pouvais expliquer pourquoi j'avais cette bizarrerie de me trouver mieux au couvent que dans ma famille.

A la veille du départ de ma grand'mère, un grand orage se forma contre moi dans les conseils de la supérieure. J'aimais à écrire autant que j'aimais peu à parler, et je m'amusais à faire de nos espiègleries et des rigueurs de la D*** une sorte de journal satirique que j'envoyais à ma bonne maman, laquelle y prenait un grand divertissement et ne me prêchait nullement la soumission et la cajolerie, la dévotion encore moins. Il était de règle que nous missions le soir sur le bahut de l'antichambre de la supérieure les lettres que nous voulions envoyer. Celles qui n'étaient point adressées aux parents devaient être déposées ouvertes. Celles pour les parents étaient cachetées ; on était censé en respecter le secret.

Il m'eût été facile d'envoyer mes manuscrits à ma grand'mère par une voie plus sûre, puisque ses domestiques venaient souvent m'apporter divers objets et s'informer de ma santé ; mais j'avais une confiance suprême dans la loyauté de la supérieure. Elle avait dit devant moi à ma grand'mère qu'elle n'ouvrirait jamais les lettres adressées aux parents. Je croyais, j'étais loyale, j'étais tranquille. Mais le volume et la fréquence de mes envois inquiétèrent *reverend mother* [1]. Elle décacheta sans façon, lut mes satires et supprima les lettres. Elle me fit même ce bon tour trois jours de suite sans en rien dire, afin de bien connaître mes habitudes de chronique moqueuse et la manière dont la D*** nous gouver-

---

[1] La révérende mère. On lui donnait ce titre en anglais seulement.

naît. Une personne de cœur et d'intelligence en eût fait son profit. Elle m'eût grondée peut-être, mais elle eût congédié la D***. Il est vrai qu'une personne de cœur n'eût pas tendu un piége à la simplicité d'un enfant, et n'eût pas abusé d'un secret qu'elle avait autorisé. La supérieure préféra interroger mademoiselle D***, qui, bien entendu, ne se reconnut pas au portrait plus ressemblant que flatté que j'avais tracé d'elle. Sa haine, déjà allumée par mon air calme et la douceur très-réelle de mes manières, s'exaspéra, comme on peut le croire. Elle me traita de menteuse abominable, d'*esprit fort* (c'est-à-dire impie), de délatrice, de serpent, que sais-je ! La supérieure me manda et me fit une scène effroyable. Je restai impassible. Elle me promit ensuite bénignement de ne point faire connaître mes *calomnies* à ma grand'mère et de me garder le secret sur ces abominables lettres. Je ne l'entendais pas ainsi. Je sentis la duplicité de cette promesse. Je répondis que j'avais un brouillon de mes lettres, que ma grand'mère l'aurait, que je soutiendrais devant elle et devant madame la supérieure elle-même la vérité de mes assertions, et que, puisqu'il n'y avait pas de sûreté dans les relations auxquelles je m'étais confiée, je demanderais à changer de couvent.

La supérieure n'était pas une méchante femme ; mais quoi qu'on en pensât, je n'ai jamais senti qu'elle fût une très-bonne femme. Elle m'ordonna de sortir de sa présence en m'accablant de menaces et d'injures. C'était une personne du grand monde, et elle savait au besoin prendre des manières royales ; mais elle avait fort mauvais ton quand elle était en colère. Peut-être ne savait-elle pas bien la valeur de ses expressions en français, et je ne savais pas encore assez d'anglais pour qu'elle me parlât dans sa langue. Mademoiselle D*** avait la tête baissée, l'œil fermé, dans l'attitude extatique d'une sainte qui entend la voix de Dieu même. Elle se donnait des airs de pitié pour moi et de silence miséricordieux. Une heure après, au réfectoire, la supérieure entra suivie de quelques nonnes qui lui faisaient cortége ; elle parcourut les tables comme pour faire une inspection ; puis, s'arrêtant devant moi et roulant ses gros yeux noirs, qui étaient fort beaux, elle me dit d'une voix solennelle : « *Étudiez la vérité !* » — Les sages pâlirent et firent le signe de la croix. Les bêtes chuchotèrent en me regardant. On vint ensuite m'accabler de questions. « Tout cela signifie, répondis-je, que dans trois jours je ne serai plus ici. »

J'étais outrée ; mais j'avais un violent chagrin. Je ne désirais nullement changer de couvent. J'avais déjà formé des affections que je souffrais de voir sitôt brisées. Ma grand'mère arriva sur ces entrefaites. La supérieure s'enferma avec elle, et, prévoyant que je dirais tout, elle prit le parti de remettre mes lettres et de les présenter comme un tissu de mensonges. Je crois qu'elle eut le dessous et que ma grand'mère blâma énergiquement l'abus de confiance qu'on était forcé de lui révéler. Je crois qu'elle prit ma défense et parla de me remmener sur-le-champ. Je ne sais ce qui se passa entre elles, mais quand on me fit monter dans le parloir de la supérieure, toutes deux essayaient de se composer un maintien grave, et toutes deux étaient fort animées. — Ma grand'mère m'embrassa comme à l'ordinaire, et pas un mot de reproche ne me fut adressé, si ce n'est sur ma dissipation et le temps perdu à des enfantillages. Puis la supérieure m'annonça que j'allais quitter la petite classe, où mon intimité avec Mary portait le désordre, et que j'entrerais immédiatement parmi les grandes. Cette bonne nouvelle, qui, en définitive, faisait aboutir toutes les menaces à une notable amélioration dans mon sort, me fut signifiée pourtant d'un ton sévère. On espérait que, n'ayant plus de relations avec mademoiselle D***, je renoncerais à mes habitudes de satire contre elle, que je romprais mes habitudes de diablerie avec la terrible Mary, et que cette séparation serait profitable à l'une comme à l'autre.

Je répondis que je consentais de bon cœur à ne jamais m'occuper de mademoiselle D***, mais je ne voulus jamais promettre de ne plus aimer Mary. La force des choses devait suffire à nous séparer, puisque nous n'aurions plus que l'heure des récréations au jardin pour nous voir. Ma grand'mère, satisfaite du résultat de cette affaire, partit pour Nohant. Je passai à la grande classe, où m'avaient précédée Isabelle et Sophie. Je jurai à Mary de rester son amie à la vie et à la mort; mais je n'en avais pas fini avec la terrible D***, comme on va bientôt le voir.

CHAPITRE DOUZIÈME

Louise et Valentine. — La marquise de la Rochejaquelein. — Ses Mémoires. — Son salon. — Pierre Riallo. — Mes compagnes de la petite classe. — Héléna. — Facéties et bel esprit du couvent. — La comtesse et Jacquot. — Sœur Françoise. — Madame Eugénie. — Combat singulier avec mademoiselle D***. — Le cabinet noir. — La séquestration. — Poulette. — Les nonnes. — Madame Monique. — Miss Fairbairns. — Madame Anne-Augustine et son ventre d'argent. — Madame Marie-Xavier. — Miss Hurst. — Madame Marie-Agnès. — Madame Anne-Joseph. — Les incapacités intellectuelles. — Madame Alicia. — Mon adoption. — Les conversations de l'avant-quart. — Sœur Thérèse. — La distillerie. — Les dames de chœur et les sœurs converses.

Je ne quitterai pas la petite classe sans parler de deux pensionnaires que j'y ai beaucoup aimées, bien qu'elles ne fussent point classées parmi les diables. Elles ne l'étaient pas non plus parmi les sages, encore moins parmi les bêtes, car c'étaient deux intelligences fort remarquables. Je les ai déjà nommées : c'était Valentine de Gouy et Louise de la Rochejaquelein.

Valentine était une enfant, elle n'avait guère que neuf ou dix ans, si j'ai bonne mémoire; et comme elle était petite et délicate, elle ne paraissait guère plus âgée que Mary Eyre et Helen Kelly, les deux *mioches* de la petite classe à cette époque. Mais cette enfant était grandement supérieure à son âge, et on pouvait autant se plaire avec elle qu'avec Isabelle ou Sophie. Elle apprenait toutes choses avec une facilité merveilleuse. Elle était déjà aussi avancée dans toutes ses études que les grandes. Elle avait un esprit charmant, beaucoup de franchise et de bonté. Mon lit était auprès du sien au dortoir, et j'aimais à la soigner comme si elle eût été ma fille. J'avais de l'autre côté une petite Suzanne, sœur de Sophie, qu'il me fallait soigner encore plus, car elle était continuellement malade.

L'autre affection que je laissais à la petite classe, mais qui ne tarda pas à me rejoindre à la grande, Louise, était fille de la marquise de la Rochejaquelein, veuve de M. de Lescure, la même qui a laissé des Mémoires intéressants sur la première Vendée. Je crois que le personnage politique[1] qui représente à l'assemblée nationale une nuance de parti royaliste à idées plus chevaleresques que rassurantes est le frère de cette Louise. Leur mère a été certainement une héroïne de roman historique. Ce roman vrai, raconté par elle, offre des narrations très-dramatiques, très-bien senties et très-touchantes.

[1] 1848.

La situation de la France et de l'Europe m'y semble complétement méconnue; mais, le point de vue royaliste accepté, il est impossible de mieux juger son propre parti, de mieux peindre le fort et le faible, le bon et le mauvais côté des divers éléments de la lutte. Ce livre est d'une femme de cœur et d'esprit. Il restera parmi les documents les plus colorés et les plus utiles de l'époque révolutionnaire. L'histoire a déjà fait justice des erreurs de fait et des naïves exagérations de l'esprit de parti qui ne peuvent pas ne point s'y trouver; mais elle fera son profit des curieuses révélations d'un jugement droit et d'un esprit sincère qui signalent les causes de mort de la monarchie, tout en se dévouant avec héroïsme à cette monarchie expirante.

Louise avait le cœur et l'esprit de sa mère, le courage et un peu de l'intolérance politique des vieux chouans, beaucoup de la grandeur et de la poésie des paysans belliqueux au milieu desquels elle avait été élevée. J'avais déjà lu le livre de la marquise, qui était récemment publié. Je ne partageais pas ses opinions; mais je ne les combattais jamais, je sentais le respect que je devais à la religion de sa famille, et ses récits animés, ses peintures charmantes des mœurs et des aspects du Bocage m'intéressaient vivement. Quelques années plus tard j'ai été une fois chez elle, et j'ai vu sa mère.

CHAPITRE DOUZIÈME.

Comme cet intérieur m'a beaucoup frappée, je raconterai ici cette visite, que j'oublierais certainement si je la remettais à être rapportée en son lieu.

Je ne me rappelle plus où était située la maison. C'était un grand hôtel du faubourg Saint-Germain. J'arrivai modestement en fiacre, selon mes moyens et mes habitudes, et je fis arrêter devant la porte, qui ne s'ouvrait pas pour de si minces équipages. Le portier, qui était un vieux poudré de bonne maison, voulut m'arrêter au passage. « Pardon, lui dis-je, je vais chez madame de la Rochejaquelein. — Vous? dit-il en me toisant d'un air de mépris, apparemment parce que j'étais en manteau et en chapeau sans fleurs ni dentelles. Allons, entrez! » Et il leva les épaules comme pour dire : « Ces gens-là reçoivent tout le monde! »

J'essayai de pousser la porte derrière moi. Elle était si lourde, que je n'en vins pas à bout avec les doigts. Je ne voulais pas salir mes gants, je n'insistai donc pas; mais comme j'avais déjà monté les premières marches de l'escalier, ce vieux cerbère courut après moi. « Et votre porte? me cria-t-il. — Quelle porte? — Celle de la rue! — Ah, pardon! lui dis-je en riant, c'est votre porte et non pas la mienne. » Il s'en alla la fermer en grommelant, et je me demandai si j'allais être aussi mal reçue par les illustres laquais de ma compagne d'enfance. En trouvant beaucoup de ces messieurs dans l'antichambre, je vis qu'il y avait du monde, et je fis demander Louise. Je n'étais à Paris que pour deux ou trois jours ; je désirais répondre au désir qu'elle m'avait témoigné de m'embrasser, et je ne voulais que causer quelques minutes avec elle. Elle vint me chercher, et m'entraîna au salon avec la même gaieté et la même cordialité qu'autrefois. Du côté où elle me fit asseoir auprès d'elle, il n'y avait que des jeunes personnes, ses sœurs ou ses amies. De l'autre, les gens graves autour du fauteuil de sa mère, qui était un peu isolé en avant.

Je fus très-désappointée de trouver dans l'héroïne de la Vendée une grosse femme très-rouge et d'une apparence assez vulgaire. A sa droite, un paysan vendéen se tenait debout. Il était venu de son village pour la voir ou pour voir Paris, et il avait dîné avec la famille. Sans doute c'était un homme *bien pensant,* et peut-être un héros de la dernière Vendée. Il ne me parut point d'âge à dater de la première, et Louise, que j'interrogeai, me dit simplement : « C'est un brave homme de chez nous. »

Il était vêtu d'un gros pantalon et d'une veste ronde. Il portait une sorte d'écharpe blanche au bras, et une vieille rapière lui battait les jambes. Il ressemblait à un garde champêtre un jour de procession. Il y avait loin de là aux partisans demi-pasteurs, demi-brigands que j'avais rêvés, et ce bonhomme avait une manière de dire *Madame la marquise* qui m'était nauséabonde. Pourtant la marquise, presque aveugle alors, me plut par son grand air de bonté et de simplicité. Il y avait autour d'elle de belles dames parées pour le bal, qui lui rendaient de grands hommages et qui, certes, n'avaient pas pour ses cheveux blancs et ses yeux bleus à demi éteints autant de vénération que mon cœur naïf était disposé à lui en accorder ; secret hommage d'autant plus appréciable que je n'étais alors ni dévote ni royaliste.

Je l'écoutai causer, elle avait plus de naturel que d'esprit, du moins dans ce moment-là. Le paysan, en prenant congé, reçut d'elle une poignée de main, et mit son chapeau sur sa tête avant d'être sorti du salon, ce qui ne fit rire personne. Louise et ses sœurs étaient aussi simplement mises qu'elles étaient simples dans leurs manières. Cette simplicité allait même jusqu'à la brusquerie. Elles ne faisaient pas de petits ouvrages, elles avaient des quenouilles, et affectaient de filer du chanvre, à la manière des paysannes. Je ne demandais pas mieux que de trouver tout cela charmant, et cela eût pu l'être.

Chez Louise, j'en suis certaine, tout était naïf et spontané ; mais le cadre où je la voyais ainsi jouer à la châtelaine de Vendée ne se mariait point avec ces allures de fille des champs. Un beau salon très-éclairé, une galerie de patriciennes élégantes et de *ladies* compassées, une antichambre remplie de laquais, un portier qui insultait presque les gens en fiacre, cela manquait d'harmonie, et on y sentait trop l'impossibilité d'un hymen public et légitime entre le peuple et la noblesse.

Cette pensée d'hyménée me rappelle une des plus étranges et des plus significatives aventures de la vie de madame de la Rochejaquelein. Elle était alors veuve de M. de Lescure, encore enceinte de deux jumelles qu'elle devait perdre peu de jours après leur naissance. Réfugiée en Bretagne, au hameau de la Minaye, chez de pauvres paysans fidèles au malheur, traquée par les *bleus*, livrée à de continuelles alertes, gardant les troupeaux sous le nom de Jeannette, couchant souvent dans les bois avec sa mère (une femme héroïque que l'on adore en lisant ses Mémoires), fuyant par le vent et la pluie, pour se cacher dans quelque sillon ou dans quelque fossé, tandis que les patriotes fouillaient les maisons où elles avaient reçu asile, madame de la Rochejaquelein avait failli épouser un paysan breton. Voici comme elle raconte elle-même cet épisode.

« ..... Ma mère voulut, pour plus de précaution, user d'une ressource fort singulière. Deux paysannes vendéennes avaient épousé des Bretons, et depuis ce temps-là, on ne les inquiétait plus. Ma mère, qui cherchait à m'assurer un repos complet pendant mes couches, ne trouva pas de meilleur moyen. Elle jeta les yeux sur Pierre Riallo. C'était un vieux homme veuf qui avait cinq enfants : mais il fallait avoir un acte de naissance. La Ferret avait une sœur qui était allée autrefois s'établir de l'autre côté de la Loire avec sa fille. On envoya Riallo chercher les actes de naissance dans le pays de la Ferret. Tout allait s'arranger : l'officier municipal était prévenu et nous avait promis de déchirer la feuille du registre quand nous le voudrions. On devait prier les bleus au repas de la noce ; mais l'exécution de ce projet fut suspendue par des alarmes très-vives qu'on nous donna. On nous dit que nous avions été dénoncées et que nous étions particulièrement recherchées. Nous changeâmes de demeure, et même nous nous séparâmes, etc. »

Quelques semaines plus tard, madame de Lescure et sa mère, changeant d'asile, se séparèrent de Pierre Riallo, qui les avait conduites à leur nouveau refuge : « Cet excellent homme, dit-elle, nous quitta en pleurant. Il ôta de son doigt une bague d'argent comme en portent les paysannes bretonnes, et me la donna. Jamais je n'ai cessé de la porter depuis. »

Ainsi la veuve de M. de Lescure, celle qui devait être la marquise de la Rochejaquelein, avait été en quelque sorte la fiancée de Pierre Riallo. Rien de plus austère certainement que ces fiançailles en présence de la mort, rien de plus chaste que l'affection du vieux paysan et la gratitude de la jeune marquise ; mais que fût-il arrivé si le mariage eût été conclu, et que Pierre Riallo se fût refusé à la suppression frauduleuse de l'acte civil ? Certes, la noble Jeannette fût morte plutôt que de consentir à ratifier cette mésalliance monstreuse. On était bien alors, par le fait, l'égale, moins que l'égale du pauvre paysan breton. On était une pauvre *brigande,* bien heureuse de recevoir cette généreuse hospitalité et cette magnanime protection. Sous la restauration, on ne l'avait pas oublié sans doute. On recevait dans son salon le premier paysan venu, pourvu qu'il eût au coude le brassard sans tache. On filait la quenouille des bergères, on avait de touchants et affectueux souvenirs ; mais on n'en était pas moins madame la marquise, et cette fausse égalité ne pouvait pas tromper le paysan. Si le fils de Pierre Riallo se fût présenté pour épouser Louise ou Laurence de la Rochejaquelein, on l'aurait considéré comme fou. Le *fils des croisés,* M. de la Rochejaquelein, aujourd'hui orateur politique, ne serait pas volontiers le beau-frère de quelque laboureur armoricain. Eh bien, Pierre Riallo, c'est bien là réellement comme un symbole pour personnifier le peuple vis-à-vis de la noblesse. On se fie à lui, on accepte ses sublimes dévouements, ses suprêmes sacrifices, on lui tend la main. On se fiancerait volontiers à lui aux jours du danger, mais on lui refuse, au nom de la religion monarchique et catholique, le droit de vivre en travaillant, le droit de s'instruire, le droit d'être l'égal de tout le monde ; en un mot, la véritable union morale des castes, on frémit à l'idée seule de la ratifier.

Je pensais déjà un peu à tout cela en quittant le salon de madame de la Rochejaquelein, et, bien certaine que tout ce que j'avais vu n'était pas une comédie, sachant bien que Louise et sa famille avaient la mémoire du cœur, je me disais pourtant que, par la force des choses, ce que j'avais vu n'était qu'une charmante petite parade de salon.

Avant de clore cette digression, on me permettra de faire remarquer l'espèce d'analogie qui existe entre l'aventure de la marquise chez Pierre Riallo et les idées que ma mère avait encore en 1804 sur le mariage civil. En 1804, ma mère ne se croyait pas mariée avec mon père parce qu'elle n'était mariée qu'à la municipalité. En 93, madame de la Rochejaquelein ne se fût pas crue mariée avec Pierre Riallo parce que l'officier municipal promettait de déchirer l'acte. Ce peu de respect pour une formalité purement civile marque bien la transition d'une législation à une autre, et la transformation de la société.

Je quitte mon épisode anticipé, qui date de 1824 ou 1825, 1826 peut-être, et je reviens sur mes pas. Je rentre au couvent, où Louise, avec sa vive intelligence, son noble cœur et son aimable caractère, ne faisait naître en moi aucune des réflexions que j'eus lieu de faire plus tard sans cesser de l'aimer. Je l'ai perdue de vue depuis longtemps. J'ignore qui elle a épousé, j'ignore même si elle vit, tant je suis peu *du monde*, tant j'ai franchi de choses qui me séparent du passé et m'ont fait perdre jusqu'à la trace de mes premières relations. Si elle existe, si elle se souvient de moi, si elle sait que George Sand est la même personne qu'Aurore Dupin, elle doit soupirer, détourner les yeux et nier même qu'elle m'ait aimée. Je sais l'effet des opinions et des préjugés sur les âmes les plus généreuses, et je ne m'en étonne ni ne m'en scandalise. Moi, tranquille dans ma conscience d'aujourd'hui, comme j'étais tranquille et *eau dormante* dans ma diablerie d'il y a trente ans, je l'aime encore, cette Louise ; j'aime encore les royalistes, les dévotes, les nonnes mêmes que j'ai aimées, et qui aujourd'hui ne prononcent mon nom, j'en suis sûre, qu'en faisant de grands signes de croix. Je ne désire pas les revoir, je sais qu'elles me prêcheraient ce qu'elles appelleraient le retour à la vérité. Je sais que je serais forcée de leur causer le chagrin d'échouer dans leurs pieux desseins. Il vaut donc mieux ne pas se revoir que de se revoir avec une cuirasse sur le cœur : mais mon cœur n'est pas mort pour cela.

Il a toujours de doux élans vers ses premières tendresses. Ma religion, à moi, ne condamne pas à l'enfer éternel les adversaires de ma croyance. C'est pourquoi je parlerai de mes amies de couvent sans me soucier de ce que l'esprit de caste et de parti en a fait depuis. Je parlerai de celles qui ont dû me renier avec le même enthousiasme, la même effusion que de celles qui m'ont gardé un souvenir inaltérable. Je les vois encore telles qu'elles étaient, et je ne veux pas savoir ce qu'elles sont. Je les vois pures et suaves comme le matin de la vie où nous nous sommes connues. Les grands marronniers du couvent m'apparaissent comme ces Champs-Élyséens où se rencontraient des âmes venues de tous les points de l'univers; et où elles faisaient échange de douces et calmes sympathies, sans prendre garde aux mondaines agitations, aux puériles dissidences de ce bas monde.

On me pardonnera bien de tracer ici une courte liste des compagnes que je laissais à la petite classe; je ne me les rappelle pas toutes, mais j'ai du plaisir à retrouver une partie de leurs noms dans ma mémoire. C'était, outre celles que j'ai déjà citées, les trois Kelly (Mary, Helen et Henriette); les deux O'Mullan, créoles jaunes et douces; les deux Cary, Fanny et Suzanne, sœurs de Sophie; Lucy Masterson, Catherine et Maria Dormer; Maria Gardon, une délicate et maladive enfant, douce et intelligente, qui a épousé un Français, et qui est devenue une excellente mère de famille, une femme distinguée sous tous les rapports; — Louise Rollet, fille d'un maître de forges du Berry; Lavinia Anster; Camille de le Josne-Contay, personne roide et grave comme une huguenote des anciens jours (très-catholique pourtant); Eugénie de Castella, demi-diable très-excellent d'ailleurs, avec qui j'étais assez liée; une des trois Defargues, filles d'un maire de Lyon; Henriette Manoury, qui venait, je crois, du Havre; enfin Héléna de ***, enfant un peu persécutée, un peu opprimée, par sa faute peut-être, mais qui m'inspirait de la sollicitude par cette raison qu'elle était souvent victime de la *diablerie.*

Elle m'aimait quelquefois trop. C'était une nature inquiète et tourmentante. Il fallait lui faire tous ses devoirs, se charger de toutes ses corvées, voire de lui écrire sa confession, ce qui ne se faisait pas toujours très-sérieusement, je l'avoue. Je la protégeais contre Mary, qui ne pouvait pas la tolérer. Je lui ai épargné bien des punitions, je l'ai sauvée de bien des orages, et je doute qu'elle en ait gardé la mémoire. Elle tirait une grande vanité de son nom, et on lui en savait mauvais gré, même celles qui en portaient de plus illustres, car il faut rendre à la plupart d'entre nous cette justice, que nous pratiquions de tous points l'égalité chrétienne, et que nous n'avions même pas la pensée de nous croire plus ou moins les unes que les autres.

C'est cette Héléna de *** qui m'avait du reste gratifiée d'un sobriquet que j'ai porté plus particulièrement que les autres; car, comme toutes mes compagnes, j'en avais plusieurs. Héléna m'avait nommée *Calepin*, parce que j'avais la manie des tablettes de poche; la sœur Thérèse m'avait surnommée *Madcap* et *Mischievous;* à la grande classe, je devins *ma Tante*, et le *marquis de Sainte-Lucie*.

J'ai eu l'amusement de conserver mes livres élémentaires de la petite classe, le *Spelling book, the Garden of the soul* (*le Jardin de l'âme*), etc. Ils sont chargés de devises, de rébus, et ce qui me réjouit le plus, de conversations dialoguées qu'on s'écrivait durant les heures de silence, car le *silence général* était une punition fort usitée. La couverture du premier livre venu passant de main en main sous la table devenait une causerie générale. On avait aussi des lettres en carton qu'on se faisait passer au moyen d'un long fil, d'un bout de la classe à l'autre. On formait rapidement des mots, et celle qui était séquestrée dans un coin, séparée des autres par une punition particulière, était avertie de tout ce que l'on complotait. En fait de confessions écrites, d'examens de conscience qu'on faisait pour les petites, je retrouve un griffonnage qui est un spécimen; je ne sais qui l'a fait ni à qui il était destiné.

« *Confession de*. . . . .

» Hélas, mon petit père Villèle [1], il m'est arrivé bien souvent de me barbouiller d'encre, de moucher la chandelle avec mes doigts, de me donner des indigestions *d'haricots*, comme on dit dans le grand monde où j'ai été z'élevée; j'ai scandalisé les jeunes *ladies* de la classe par ma malpropreté; j'ai eu l'air bête, et j'ai oublié de penser à quoi que ce soit, plus de deux cents fois par jour. J'ai dormi au catéchisme et j'ai ronflé à la messe; j'ai dit que vous n'étiez pas beau; j'ai fait égoutter *mon rat* sur le voile de la mère Alippe, et je l'ai fait exprès. J'ai fait cette semaine au moins quinze pataquès en français et trente en anglais, j'ai brûlé mes souliers au poêle et j'ai infecté la classe. C'est ma faute, c'est ma faute, c'est ma très-grande faute, etc. »

On voit combien nos méchancetés et nos impiétés étaient innocentes. Elles étaient pourtant sévèrement tancées et punies quand mademoiselle D*** mettait la main sur ces écrits, qu'elle appelait licencieux et dangereux. La mère Alippe faisait semblant de se fâcher, punissait un peu, confisquait,

---

[1] C'était le confesseur d'une partie des pensionnaires et des religieuses. Ce n'était pas le mien. Cet abbé de Villèle, frère du ministre, a été depuis archevêque de Bourges.

et, j'en suis sûre, amusait l'ouvroir avec nos sottises.

Que chacun se rappelle comme il a ri de bon cœur, dans l'enfance, de choses qui par elles-mêmes n'étaient peut-être pas drôles du tout. Il n'en faut pas beaucoup pour les petites filles. Tout nous était sujet d'inextinguible risée : un nom estropié, une figure ridicule au parloir, un incident quelconque à l'église, le miaulement d'un chat, que sais-je? Il y avait des paniques contagieuses comme les joies. Une petite criait pour une araignée; aussitôt toute la classe criait sans savoir pourquoi. Un soir, à la prière, je ne sais ce qui se passa, personne n'a jamais pu le dire : une de nous crie, sa voisine se lève, une troisième se sauve, c'est aussitôt un sauve-qui-peut général; on quitte la classe en masse, renversant les chaises, les bancs, les lumières, et on s'enfuit dans le cloître en tombant les unes sur les autres, entraînant les maîtresses, qui ne crient et ne courent pas moins que les élèves. Il faut une heure pour rassembler le troupeau éperdu, et quand on veut s'expliquer, impossible d'y rien comprendre.

Malgré toute cette gaieté fébrile de la petite classe, j'y souffrais si réellement au moral et au physique, que j'ai conservé le souvenir du jour où j'entrai à la grande classe comme un des plus heureux de ma vie.

J'ai toujours été sensible à la privation de la vive lumière. Il semble que toute ma vie physique soit là. Je m'assombris inévitablement dans une atmosphère terne. La grande classe était très-vaste; il y avait cinq ou six fenêtres, dont plusieurs donnaient sur les jardins. Elle était chauffée d'une bonne cheminée et d'un bon poêle. D'ailleurs le printemps commençait. Les marronniers allaient fleurir, leurs grappes rosées se dressaient comme des candélabres. Je crus entrer dans le paradis.

La maîtresse de classe, que l'on tournait beaucoup en ridicule, et qui était bien un peu étrange dans ses manières, était une fort bonne personne au fond, et encore plus distraite que mademoiselle D***. On l'appelait *la Comtesse*, parce qu'elle se donnait de grands airs, et je lui conserverai ce surnom. Elle avait dans le jardin un appartement au rez-de-chaussée, dont un potager nous séparait, et de sa fenêtre, quand elle ne tenait pas la classe, elle pouvait voir une partie de nos escapades. Mais elle était bien plus occupée de voir, de la classe, ce qui se passait dans son appartement. C'est que là, à sa fenêtre ou devant sa porte, vivait, grattait et piaillait au soleil l'unique objet de ses amours, un vieux perroquet gris tout râpé, maussade bête que nous accablions de nos dédains et de nos insultes.

Nous avions grand tort, car Jacquot eût mérité toute notre gratitude; c'était à lui que nous devions notre liberté. C'était grâce à lui que la comtesse, incessamment préoccupée, nous laissait faire nos folies. Perché sur son bâton, à la portée de la vue, Jacquot, lorsqu'il s'ennuyait, poussait des cris perçants. Aussitôt la Comtesse courait à la fenêtre, et si un chat rôdait autour du perchoir, si Jacquot impatienté avait brisé sa chaîne et entrepris un voyage d'agrément sur les lilas voisins, la Comtesse, oubliant tout, se précipitait hors de la classe, franchissait le cloître, traversait le jardin et courait gronder ou caresser la bête adorée. Pendant ce temps on dansait sur les tables, ou on quittait la classe pour faire comme Jacquot quelque voyage d'agrément à la cave ou au grenier.

La Comtesse était une jeune personne de quarante à cinquante ans, demoiselle, très-bien née, on ne pouvait l'ignorer, car elle le disait à tout propos, sans fortune, et je crois peu instruite, car elle ne nous donnait aucune espèce de leçons et ne servait qu'à garder la classe comme surveillante. Elle était ennuyeuse et ridicule, mais bonne et convenable. Quelques-unes de nous l'avaient prise en grippe, et la traitaient si mal qu'elles la forçaient de sortir de son caractère. Je n'ai jamais eu qu'à me louer d'elle pour mon compte, et je me reproche même d'avoir ri avec les autres de sa tournure magistrale, de ses phrases prétentieuses, de son grand chapeau noir qu'elle ne quittait jamais, de son châle vert qu'elle drapait d'une manière si solennelle, enfin de ses *lapsus linguæ* qui étaient relevés sans pitié et qu'on plaçait ensuite très-haut dans la conversation sans qu'elle s'en aperçût jamais. J'aurais dû plutôt prendre son parti, puisqu'elle prenait souvent le mien auprès des religieuses. Mais les enfants sont ingrats (*cet âge est sans pitié!*) et la moquerie leur semble un droit inaliénable.

La seconde surveillante était une religieuse fort sévère, madame Anne-Françoise. Cette vieille, maigre et pâle, avait un énorme nez aquilin. Elle grondait beaucoup, injuriait trop, et n'était pas aimée. Je n'avais rien pour elle, ni éloignement ni sympathie. Elle ne me traitait ni bien ni mal. Je ne lui ai jamais vu de préférence pour personne, et on la soupçonnait d'être *philosophe,* parce qu'elle s'occupait d'astronomie. Elle avait effectivement une manière d'être fort différente des autres nonnes. Au lieu de communier comme elles tous les jours, elle ne s'approchait des sacrements qu'aux grandes fêtes de l'année. Ses sermons n'avaient point d'onction. C'étaient toujours des menaces, et dans un si mauvais français, qu'on ne pouvait les écouter sérieusement. Elle punissait beaucoup, et quand, par hasard, elle voulait plaisanter, elle était blessante et peu convenable. Sa figure accentuée ne manquait pas de caractère. Elle avait l'air d'un vieux dominicain, et pourtant elle n'était pas fanatique, pas même dévote pour une religieuse.

La maîtresse en chef de la petite classe était madame Eugénie, *Maria-Eugenia Stonor*. C'était une grande femme, d'une belle taille, d'un port noble, gracieux même dans sa solennité. Sa figure, rose et ridée comme celle de presque toutes les nonnes sur le retour, avait pu être jolie, mais elle avait une expression de hauteur et de moquerie qui éloignait d'elle au premier abord. Elle était plus que sévère, elle était emportée, et se laissait aller à des antipathies personnelles qui lui faisaient beaucoup d'ennemies irréconciliables. Elle n'était affectueuse avec personne, et je ne connais qu'une seule pensionnaire qui l'ait aimée : c'est moi.

Cette affection que je ne pus m'empêcher de manifester pour le *féroce abat-jour* (on l'appelait ainsi, parce qu'elle avait la vue délicate et portait un garde-vue en taffetas vert), étonna toute la grande classe. Voici comment elle me vint.

Trois jours après mon entrée à cette classe, je rencontrai mademoiselle D*** à la porte du jardin. Elle me fit des yeux terribles ; je la regardai très en face et avec ma tranquillité habituelle. Elle avait eu un dessous dans mon admission à la grande classe, elle était furieuse. « Vous voilà bien fière, me dit-elle, vous ne me saluez seulement pas ! — Bonjour, madame, comment vous portez-vous ? — Vous avez l'air de vous moquer de moi. — Il vous plaît de le voir. — Ah ! ne prenez pas ces airs dégagés, je vous ferai encore sentir qui je suis. — J'espère que non, madame ; je n'ai plus rien à démêler avec vous. — Nous verrons ! » Et elle s'éloigna avec un geste de menace.

On était en récréation, tout le monde courait au jardin. J'en profitai pour entrer à la petite classe afin de reprendre quelques cahiers que j'avais laissés dans un cabinet attenant à la salle d'études. Ce cabinet, où l'on mettait les encriers, les pupitres, les grandes cruches d'eau destinées au lavage de la classe, servait aussi de *cabinet noir*, de prison pour les petites, pour Mary Eyre et compagnie.

J'y étais depuis quelques instants, cherchant mes cahiers, lorsque mademoiselle D*** se présente à moi comme Tisiphone. « Je suis bien aise de vous trouver ici, me dit-elle ; vous allez me faire des excuses pour la manière impertinente dont vous m'avez regardée tout à l'heure. — Non, madame, je n'ai pas été impertinente, je ne vous ferai pas d'excuses. — En ce cas, vous serez punie à la manière des petites, vous serez enfermée ici jusqu'à ce que vous ayez baissé le ton. — Vous n'en avez pas le droit, je ne suis plus sous votre autorité. — Essayez de sortir ! — Tout de suite. »

Et, profitant de sa stupeur, je franchis la porte du cabinet et allai droit à elle ; mais aussitôt, transportée de rage, elle se précipita sur moi, m'étreignit dans ses bras, et me repoussa vers le cabinet. Je n'ai jamais vu rien de si laid que cette grosse dévote en fureur. Moitié riant, moitié résistant, je la repoussai, je l'acculai contre le mur, jusqu'à ce qu'elle voulut me frapper ; alors je levai le poing sur elle, je la vis pâlir, je la sentis faiblir, et je restai le bras levé, certaine que j'étais la plus forte et qu'il m'était très-facile de m'en débarrasser ; mais pour cela il fallait ou lui donner un coup ou la faire tomber, ou au moins la pousser rudement et risquer de lui faire du mal. Je n'étais pas plus en colère que je ne le suis à cette heure, et je n'ai jamais pu faire de mal à personne. Je la lâchai donc en souriant, et j'allais m'en aller, satisfaite de lui avoir pardonné et de lui avoir fait sentir la supériorité de mes instincts sur les siens, lorsqu'elle profita traîtreusement de ma générosité, revint sur moi et me poussa de toute sa force. Mon pied heurta une grosse cruche d'eau qui roula avec moi dans le cabinet, la D*** m'y enferma à double tour, et s'enfuit en vomissant un torrent d'injures.

Ma situation était critique. J'étais littéralement dans un bain froid ; le cabinet était fort petit et la cruche énorme ; lorsque je fus relevée j'avais encore de l'eau jusqu'à la cheville. Pourtant je ne pus m'empêcher de rire en entendant la D*** s'écrier : « Ah ! la perverse, la maudite ! Elle m'a fait mettre

tellement en colère, que je vais être obligée de retourner me confesser. J'ai perdu mon absolution. »
Moi, je ne perdis pas la tête, je grimpai sur les rayons du cabinet pour me mettre à pied sec, j'arrachai une feuille blanche d'un cahier, je trouvai plumes et encre, et j'écrivis à madame Eugénie à peu près ce qui suit : « Madame, je ne reconnais maintenant d'autre autorité sur moi que la vôtre. Mademoiselle D*** vient de faire acte de violence sur ma personne et de m'enfermer. Veuillez venir me délivrer, etc. »

J'attendis que quelqu'un parût. Maria Gordon, je crois, vint chercher aussi un cahier dans le cabinet, et en voyant ma tête apparaître à la lucarne, elle eut grand'peur et voulut fuir. Mais je me fis reconnaître et la priai de porter mon billet à madame Eugénie, qui devait être au jardin. Un instant après madame Eugénie parut, suivie de mademoiselle D***. Elle me prit par la main et m'emmena sans rien dire. La D*** était silencieuse aussi. Quand je fus seule avec madame Eugénie dans le cloître, je l'embrassai naïvement pour la remercier. Cet élan lui plut. Madame Eugénie n'embrassait jamais personne, et personne ne songeait à l'embrasser. Je la vis émue comme une femme qui ne connaît pas l'affection et qui pourtant n'y serait pas insensible. Elle me questionna. Elle avait une manière de questionner très-habile ; elle avait l'air de ne pas écouter la réponse, et elle ne perdait ni un mot ni une expression de visage. Je lui racontai tout, elle vit que c'était la vérité. Elle sourit, me serra la main, et me fît signe de retourner au jardin.

L'archevêque de Paris venait confirmer quelques jours après. On choisissait les élèves qui avaient fait leur première communion et qui n'avaient pas reçu l'autre sacrement. On les faisait entrer en retraite dans une chambre commune dont mademoiselle D*** était la gardienne et la lectrice. C'est elle qui faisait les exhortations religieuses. On vint me chercher le jour même, mais mademoiselle D*** refusa de me recevoir, et ordonna que je ferais ma retraite toute seule dans la chambre qu'il plairait aux religieuses de m'assigner. Alors madame Eugénie prit hautement mon parti. « C'est donc une pestiférée? dit-elle avec son air railleur. Eh bien, qu'elle vienne dans ma cellule. » Elle m'y conduisit en effet, et madame Alippe vint nous y joindre. Elles restèrent dans le corridor pendant que je m'installais dans la cellule, et j'entendis leur conversation en anglais. Je ne sais si elles me croyaient déjà capable de n'en pas perdre beaucoup de mots.

« Voyons, disait madame Eugénie, cette enfant est donc détestable, vous qui la connaissez? — Elle n'est pas détestable du tout, répondit la mère Alippe, elle est bonne, au contraire, et cette D*** ne l'est pas. Mais l'enfant est *diable*, comme elles disent...

Ah ! cela vous fait rire, vous ? vous aimez les diables, on sait cela ! » (C'est bon à savoir, pensai-je.) Et madame Eugénie reprit : « Puisqu'elle est folle, ce n'est pas le moment de la confirmer. Elle n'y porterait pas le recueillement nécessaire. Laissons-lui le temps de devenir sage, et surtout ne la mettons pas en contact avec une personne qui lui en veut. Vous m'accordez bien que cette enfant m'appartient, et que vous-même vous n'avez plus de droits sur elle ? — Pas d'autres que les droits de l'amitié chrétienne, répondit la mère Alippe, et mademoiselle D*** est dans son tort : soyez tranquille, elle ne recommencera plus. »

Madame Eugénie alla trouver la supérieure, à ce que je crois, pour s'expliquer avec elle, et peut-être avec la mère Alippe et mademoiselle D***, sur ce qui venait de se passer et sur ce qu'il y avait à faire. Pendant que j'étais dans la cellule de ma protectrice, *Poulette* vint m'y trouver : Poulette, c'était le nom que les petites avaient donné à madame Mary Austin (Marie-Augustine), la sœur de la mère Alippe, et la dépositaire du couvent. Celle-là était l'idole des pensionnaires. Elle grognait d'une certaine façon maternelle et caressante. N'ayant pas de fonctions auprès de nous, elle faisait métier de nous gâter et de nous tancer gaiement de nos sottises. Elle avait une boutique de friandises qu'elle nous vendait, et elle donnait souvent à celles qui n'avaient plus d'argent, ou du moins elle leur ouvrait des crédits qu'on oubliait de fermer de part et d'autre. Cette bonne femme, toujours gaie, sans morgue de dévotion, et qu'on prenait par le cou sans façon, qu'on embrassait sur les deux joues, qu'on taquinait même sans jamais la fâcher sérieusement, vint me consoler de mes mésaventures et me donner même trop raison, ce dont j'aurais pu abuser si je n'avais pas eu hâte de rentrer en paix avec tout le monde.

Au bout d'une heure de babillage avec Poulette, je reçus la visite de mademoiselle D***. La supérieure ou son confesseur l'avait grondée. Elle était douce comme miel, et je fus fort étonnée de ses façons caressantes. Elle m'annonça qu'on avait remis mon sacrement à l'année suivante, qu'on ne me croyait pas suffisamment disposée à recevoir la grâce, que madame Eugénie allait venir me le dire mais qu'elle-même, avant d'entrer en retraite avec les néophytes, avait voulu faire sa paix avec moi. « Voyons, me dit-elle, voulez-vous convenir que vous avez eu tort, et me donner la main ? — De tout mon cœur, lui dis-je. Tout ce que vous me prescrirez avec douceur et bienveillance, je m'y rendrai. » Elle m'embrassa, ce qui ne me fit pas grand plaisir, mais tout fut terminé, et jamais plus nous n'eûmes maille à partir ensemble.

L'année suivante, j'étais devenue très-dévote, je

fus confirmée et je fis la retraite sous le patronage de cette même demoiselle D***. Elle me témoigna beaucoup d'égards, et me loua beaucoup de ma conversion. Elle nous faisait de longues lectures qu'elle développait et commentait ensuite avec une certaine éloquence rude et parfois saisissante. Elle commençait d'un ton emphatique auquel on s'habituait peu à peu, et qui finissait par vous émouvoir. Cette retraite est tout ce que je me rappelle d'elle à partir de mon installation définitive à la grande classe. Je lui ai pardonné de tout mon cœur, et je ne rétracte pas mon pardon; mais je persiste à dire que nous eussions été infiniment meilleures et plus heureuses, si les religieuses seules se fussent chargées de notre éducation.

Avant d'en revenir au récit de mon existence au couvent, je veux parler de nos religieuses avec quelque détail, je ne crois pas avoir oublié aucun de leurs noms.

Après madame Canning (la supérieure), dont j'ai parlé, après madame Eugénie, la mère Alippe, la bonne Poulette (Marie-Augustine); une des doyennes était madame Monique (*Maria Monica*), personne très-austère, très-grave, que je n'ai jamais vue sourire et avec laquelle nulle ne se familiarisa jamais. Elle a été supérieure après madame Eugénie, qui elle-même avait succédé de mon temps à madame Canning. L'autorité supérieure n'était pas inamo-

CHAPITRE DOUZIÈME.

vible. On procédait à l'élection, je crois, tous les cinq ans. Madame Canning fut supérieure pendant trente ou quarante ans, et mourut supérieure. Madame Eugénie demanda à être délivrée de son gouvernement cinq ans après, sa vue se troublant de plus en plus. Elle est devenue presque aveugle. J'ignore si elle existe encore. Je ne sais pas non plus si madame Monique a vécu jusqu'à présent. Je sais qu'il y a quelques années madame Marie-Françoise lui avait succédé.

De mon temps madame Marie-Françoise était novice sous son nom de famille, miss Fairbairns. C'était une très-belle personne, blanche avec des yeux noirs, de fraîches couleurs, une physionomie très-ferme, très-décidée, franche, mais froide. Cette froideur, dont le principe tout britannique était développé par la réserve claustrale et le recueillement chrétien, se faisait sentir chez la plupart de nos religieuses. Souvent nos élans de sympathie pour elles en étaient attristés et glacés. C'est le seul reproche collectif que j'aie à leur faire. Elles n'étaient pas assez désireuses de se faire aimer. — Une autre doyenne était madame Anne-Augustine, si je ne fais pas erreur de nom. Celle-là était si vieille, que lorsqu'on se trouvait à monter un escalier derrière elle, on avait le temps d'apprendre sa leçon. Elle n'avait jamais pu dire un mot de français. Elle avait aussi une figure très-solennelle et très-austère

Je ne crois pas qu'elle ait jamais adressé la parole à aucune de nous. On prétendait qu'elle avait eu une maladie très-grave, et qu'elle ne digérait qu'au moyen d'un ventre d'argent. Le ventre d'argent de madame Anne-Augustine était une des traditions du couvent, et nous étions assez bêtes pour y croire.

On s'imaginait même entendre le cliquetis de ce ventre lorsqu'elle marchait; c'était donc pour nous un être très-mystérieux et quelque peu effrayant que cette antique béguine qui était à moitié statue de métal, qui ne parlait jamais, qui vous regardait quelquefois d'un air étonné, et qui ne savait même pas le nom d'une seule d'entre nous. On la saluait en tremblant, elle faisait une courte inclination de la tête et passait comme un spectre. Nous prétendions qu'elle était morte depuis deux cents ans, et qu'elle trottait toujours dans les cloîtres par habitude.

Madame Marie-Xavier était la plus belle personne du couvent, grande, bien faite, d'une figure régulière et délicate; elle était toujours pâle comme sa guimpe, triste comme un tombeau. Elle se disait fort malade et aspirait à la mort avec impatience. C'est la seule religieuse que j'aie vue au désespoir d'avoir prononcé des vœux. Elle ne s'en cachait guère et passait sa vie dans les soupirs et les larmes. Ces vœux éternels, que la loi civile ne ratifiait pas, elle n'osait pourtant aspirer à les rompre. Elle avait juré sur le saint sacrement; elle n'était pas assez philosophe pour se dédire, pas assez pieuse pour se résigner. C'était une âme défaillante, tourmentée, misérable, plus passionnée que tendre, car elle ne s'épanchait que dans des accès de colère, et comme exaspérée par l'ennui. On faisait beaucoup de commentaires là-dessus. Les unes pensaient qu'elle avait pris le voile par désespoir d'amour et qu'elle aimait encore ; les autres, qu'elle haïssait et qu'elle vivait de rage et de ressentiment ; d'autres enfin l'accusaient d'avoir un caractère amer et insociable, et de ne pouvoir subir l'autorité des doyennes.

Quoique tout cela fût aussi bien caché que possible, il nous était facile de voir qu'elle vivait à part, que les autres nonnes la blâmaient, et qu'elle passait sa vie à bouder ou à être boudée. Elle communiait cependant comme les autres, et elle a passé, je crois, une dizaine d'années sous le voile. Mais j'ai su que peu de temps après ma sortie du couvent elle avait rompu ses vœux et qu'elle était partie, sans qu'on sût ce qui s'était passé dans le sein de la communauté. Quelle a été la fin du douloureux roman de sa vie ? A-t-elle retrouvé libre ou repentant l'objet de sa passion ? Avait-elle ou n'avait-elle point une passion ? Est-elle rentrée dans le monde ? A-t-elle surmonté les scrupules et les remords de la dévotion qui l'avait retenue si longtemps captive, en dépit de son manque de vocation ? Est-elle rentrée dans un autre couvent pour y finir ses jours dans le deuil et la pénitence? Aucune de nous, je crois, ne l'a jamais su. Ou bien on me l'a dit et je l'ai oublié. Est-elle morte à la suite de cette longue maladie de l'âme qui la dévorait? Nos religieuses donnaient pour prétexte l'arrêt des médecins, qui l'avaient condamnée à mourir ou à changer de climat et de régime. Mais il était facile de voir à leur sourire un peu amer que tout cela ne s'était point passé sans luttes et sans blâme.

Une autre novice, qui était fort belle aussi et que j'ai vue entrer postulante sous le nom de miss Croft, a fait, depuis mon départ, comme madame Maria Xavieria; elle a quitté le couvent et renoncé à sa vocation avant d'avoir pris le voile noir.

Miss Hurst, novice à qui j'ai vu prendre ce voile de deuil éternel et qui l'a fait très-délibérément et sans repentir, était la nièce de madame Monique. Elle était ma maîtresse d'anglais. Tous les jours je passais une heure dans sa cellule. Elle démontrait avec clarté et patience. Je l'aimais beaucoup, elle était parfaite pour moi, même quand j'étais diable. Elle s'est nommée en religion Maria Winifred. Je n'ai jamais lu Shakspeare ou Byron dans le texte sans penser à elle et sans la remercier dans mon cœur.

Il y avait, quand j'entrai au couvent, deux autres novices qui touchaient à la fin de leur noviciat et qui prirent le voile avant miss Hurst et miss Fairbairns. J'ai oublié leurs noms de famille, je ne me rappelle que leurs noms de religion. C'était la sœur Mary-Agnès et la sœur Anne-Joseph. Toutes deux petites et menues, elles avaient l'air de deux enfants. Marie-Agnès surtout était un petit être fort singulier. Ses goûts et ses habitudes étaient en parfaite harmonie avec l'exiguïté mignarde de sa personne. Elle aimait les petits livres, les petites fleurs, les petits oiseaux, les petites filles, les petites chaises ; tous les objets de son choix et à son usage étaient mignons et proprets comme elle. Elle portait dans son genre de prédilection une certaine grâce enfantine et plus de poésie que de manie.

L'autre petite nonne, moins petite pourtant et moins intelligente aussi, était la plus douce et la plus affectueuse créature du monde. Celle-là n'avait pas une parcelle de la morgue anglaise et de la méfiance catholique. Elle ne nous rencontrait jamais sans nous embrasser, en nous adressant, d'un ton à la fois larmoyant et enjoué, les épithètes les plus tendres.

Les enfants sont portés à abuser de l'expansion qu'on a avec eux, aussi les pensionnaires avaient-elles peu de respect pour cette bonne petite nonne. Les Anglaises surtout regardaient comme un travers le laisser aller affectueux de ses manières. Il n'y a pas à dire, au couvent comme ailleurs, j'ai toujours trouvé cette race hautaine et guindée à la surface. Le caractère des Anglaises est plus bouillant que le nôtre. Leurs instincts ont plus d'animalité dans tous les genres. Elles sont moins maîtresses que nous de leurs sentiments et de leurs passions. Mais elles sont plus maîtresses de leurs mouvements, et dès l'enfance il semble qu'elles s'étudient à les cacher et à se composer une habitude de maintien impassible. On dirait qu'elles viennent au monde dans la toile goudronnée dont on faisait ces fameux *collets montés* devenus synonymes d'orgueil et de pruderie.

Pour en revenir à la sœur *Anne-Joseph*, je l'aimais comme elle était, et quand elle venait à moi les bras ouverts et l'œil humide (elle avait toujours l'air d'un enfant qui vient d'être grondé et qui demande protection ou consolation au premier venu), je ne songeais point à épiloguer sur la banalité de ses caresses; je les lui rendais avec la sincérité d'une sympathie toute d'instinct; car, d'affection raisonnée, il n'y avait pas moyen d'y songer avec elle. Elle ne savait pas dire deux mots de suite, parce qu'elle ne pouvait pas assembler deux idées. Était-ce bêtise, timidité, légèreté d'esprit? Je croirais plutôt que c'était maladresse intellectuelle, gaucherie du cerveau, si l'on peut parler ainsi. Elle jasait sans rien dire; mais c'est qu'elle eût voulu beaucoup dire et qu'elle ne le pouvait pas, même dans sa propre langue. Il n'y avait pas

CHAPITRE DOUZIÈME.

absence, mais confusion d'idées. Préoccupée de ce à quoi elle voulait penser, elle disait des mots pour d'autres mots qu'elle croyait dire, ou elle laissait sa phrase au beau milieu, et il fallait deviner le reste tandis qu'elle en commençait une autre. Elle agissait comme elle parlait. Elle faisait cent choses à la fois et n'en faisait bien aucune; son dévouement, sa douceur, son besoin d'aimer et de caresser semblaient la rendre tout à fait propre aux fonctions d'infirmière dont on l'avait revêtue. Malheureusement, comme elle embrouillait sa main droite avec sa main gauche, elle embrouillait malades, remèdes et maladies; elle vous faisait avaler votre lavement, elle mettait la potion dans la seringue. Et puis elle courait pour chercher quelque drogue à la pharmacie, et croyant monter l'escalier, elle le descendait, et réciproquement. Elle passait sa vie à se perdre et à se retrouver. On la rencontrait toujours affairée, toute dolente pour un bobo survenu à une de ses *dearest sisters*[1] ou à un de ses *dearest childdren*[2]. Bonne comme un ange, bête comme une oie, disait-on. Et les autres religieuses la grondaient beaucoup, ou la raillaient un peu vivement pour ses étourderies. Elle se plaignait d'avoir des rats dans sa cellule. On lui répondait que s'il y en

---

[1] Très-chères sœurs.
[2] Très-chers enfants.

avait, ils étaient sortis de sa cervelle. Désespérée quand elle avait fait une sottise, elle pleurait, perdait la tête, et devenait complétement incapable de la retrouver.

Quel nom donner à ces organisations affectueuses, inoffensives, pleines de bon vouloir, mais par le fait inhabiles et impuissantes? Il y en a beaucoup de ces natures-là, qui ne savent et ne peuvent rien faire, et qui, livrées à elles-mêmes, ne trouveraient pas dans la société une fonction applicable à leur individualité. On les appelle brutalement idiotes et imbéciles. Moi, j'aimerais mieux ce préjugé de certains peuples qui réputent sacrées les personnes ainsi faites. Dieu agit en elles mystérieusement, et il faut respecter Dieu dans l'être qu'il semble vouloir écraser de trop de pensées, ou embarrasser en lui ôtant le fil conducteur du labyrinthe intellectuel.

N'aurons-nous pas un jour une société assez riche et assez chrétienne pour qu'on ne dise plus aux inhabiles : « Tant pis pour toi, deviens ce que tu pourras! » L'humanité ne comprendra-t-elle jamais que ceux qui ne sont capables que d'aimer sont bons à quelque chose, et que l'amour d'une bête est encore un trésor?

Pauvre petite sœur Anne-Joseph, tu fis bien de te tourner vers Dieu, qui seul ne rebute pas les élans d'un cœur simple, et, quant à moi, je le remercie de ce qu'il m'a fait aimer en toi cette *sainte simplicité* qui ne pouvait rien donner que de la tendresse et du dévouement. Faites les difficiles, vous autres qui en avez trop rencontré dans ce monde !

J'ai gardé pour la dernière celle des nonnes que j'ai le plus aimée. C'était, à coup sûr, la perle du couvent. Madame *Mary-Alicia Spiring* était la meilleure, la plus intelligente et la plus aimable des cent et quelques femmes, tant vieilles que jeunes, qui habitaient, soit pour un temps, soit pour toujours, le couvent des Anglaises. Elle n'avait pas trente ans lorsque je la connus. Elle était encore très-belle, bien qu'elle eût trop de nez et trop peu de bouche. Mais ses grands yeux bleus bordés de cils noirs étaient les plus beaux, les plus francs, les plus doux yeux que j'aie vus de ma vie. Toute son âme généreuse, maternelle et sincère, toute son existence dévouée, chaste et digne, étaient dans ces yeux-là. On eût pu les appeler, en style catholique, des miroirs de pureté. J'ai eu longtemps l'habitude, et je ne l'ai pas tout à fait perdue, de penser à ces yeux-là quand je me sentais, la nuit, oppressée par ces visions effrayantes qui vous poursuivent encore après le réveil. Je m'imaginais rencontrer le regard de madame Alicia, et ce pur rayon mettait les fantômes en fuite.

Il y avait dans cette personne charmante quelque chose d'idéal ; je n'exagère pas, et quiconque l'a vue un instant à la grille du parloir, quiconque l'a connue quelques jours au couvent, a ressenti pour elle une de ces subites sympathies mêlées d'un profond respect, qu'inspirent les âmes d'élite. La religion avait pu la rendre humble, mais la nature l'avait faite modeste. Elle était née avec le don de toutes les vertus, de tous les charmes, de toutes les puissances que l'idée chrétienne bien comprise par une noble intelligence ne pouvait que développer et conserver. On sentait qu'il n'y avait point de combat en elle et qu'elle vivait dans le beau et dans le bon comme dans son élément nécessaire. Tout était en harmonie chez elle. Sa taille était magnifique et pleine de grâces sous le sac et la guimpe. Ses mains effilées et rondelettes étaient charmantes, malgré une ankylose des petits doigts qui ne se voyait pas habituellement. Sa voix était agréable, sa prononciation d'une distinction exquise dans les deux langues, qu'elle parlait également bien. Née en France d'une mère française, élevée en France, elle était plus Française qu'Anglaise, et le mélange de ce qu'il y a de meilleur dans ces deux races en faisait un être parfait. Elle avait la dignité britannique sans en avoir la roideur, l'austérité religieuse sans la dureté. Elle grondait parfois, mais en peu de mots, et c'étaient des mots si justes, un blâme si bien motivé, des reproches si directs, si nets, et pourtant accompagnés d'un espoir si encourageant, qu'on se sentait courbée, réduite, convaincue, devant elle, sans être ni blessée, ni humiliée, ni dépitée. On l'estimait d'autant plus qu'elle avait été plus sincère, on l'aimait d'autant plus qu'on se sentait moins digne de l'amitié qu'elle vous conservait, mais on gardait l'espoir de la mériter, et on y arrivait certainement, tant cette affection était désirable et salutaire.

Plusieurs religieuses avaient une *fille*, ou plusieurs *filles* parmi les pensionnaires; c'est-à-dire que sur la recommandation des parents, ou sur la demande d'un enfant et avec la permission de la supérieure, il y avait une sorte d'adoption maternelle spéciale. Cette maternité consistait en petits soins particuliers, en réprimandes tendres ou sévères à l'occasion. La fille avait la permission d'entrer dans la cellule de sa mère, de lui demander conseil ou protection, d'aller quelquefois prendre le thé avec elle dans l'ouvroir des religieuses, de lui offrir un petit ouvrage à sa fête, enfin de l'aimer et de le lui dire. Tout le monde voulait être la fille de Poulette ou de la mère Alippe. Madame Marie-Xavier avait des filles. On désirait vivement être celle de madame Alicia, mais elle était avare de cette faveur. Secrétaire de la communauté, chargée de tout le travail de bureau de la supérieure, elle avait peu de loisir et beaucoup de fatigue. Elle avait eu une fille bien-aimée, Louise de Courteilles (qui a été depuis madame d'Aure). Cette Louise était sortie du couvent, et personne n'osait espérer de la remplacer.

Cette ambition me vint comme aux gens naïfs qui ne doutent de rien. On se prenait de passion filiale autour de moi pour madame Alicia, mais on n'osait pas le lui dire. J'allai le lui dire tout net et sans m'embarrasser l'esprit du sermon qui m'attendait. « Vous? me dit-elle, vous, le plus grand diable du couvent? Mais vous voulez donc me faire faire pénitence? Que vous ai-je donc fait pour que vous m'imposiez le gouvernement d'une aussi mauvaise tête que la vôtre? Vous voulez me remplacer, vous, enfant terrible, ma bonne Louise, ma douce et sage enfant? Je crois que vous êtes folle ou que vous m'en voulez. — Bah, lui répondis-je sans me déconcerter, essayez toujours. Qui sait? je me corrigerai peut-être, je deviendrai peut-être charmante pour vous faire plaisir! — A la bonne heure, dit-elle; si c'est dans l'espoir de vous amender que je vous entreprends, je m'y résignerai peut-être; mais vous me fournissez là un rude moyen de faire mon salut, et j'en aurais préféré un autre. — Un ange comme Louise de Courteilles ne compte pas pour votre salut, repris-je. Vous n'avez eu aucun mérite avec elle; vous en auriez beaucoup avec moi. — Mais si, après m'être donné beaucoup de peine, je ne réussis pas à vous rendre sage et pieuse? Pouvez-vous me promettre de m'aider, au moins? — Pas trop, répondis-je. Je ne sais pas encore ce que je suis et ce que je peux être. Je sens que je vous aime beaucoup, et je me figure que, de quelque façon que je tourne, vous serez forcée de m'aimer aussi. — Je vois que vous ne manquez pas d'amour-propre. — Oh! vous verrez que ce n'est pas cela : mais j'ai besoin d'une mère. J'en ai deux en réalité qui m'aiment trop, que j'aime trop, et nous ne nous faisons que du mal les unes aux autres. Je ne peux guère vous expliquer cela, et pourtant vous le comprendriez, vous qui avez votre mère dans le couvent; mais soyez pour moi une mère à votre manière. Je crois que je m'en trouverai bien. C'est dans mon intérêt que je vous le demande, et je ne m'en fais point accroire. Allons, chère mère, dites oui, car je vous avertis que j'en ai déjà parlé à ma bonne maman et à madame la supérieure, et qu'elles vont vous le demander aussi. »

Madame Alicia se résigna, et mes compagnes, tout étonnées de cette adoption, me disaient : « Tu n'es pas malheureuse, toi! Tu es un diable incarné, tu ne fais que des sottises et des malices. Pourtant voilà madame Eugénie qui te protége et madame Alicia qui t'aime, tu es née coiffée. — Peut-être! » disais-je avec la fatuité d'un mauvais sujet.

Mon affection pour cette admirable personne était pourtant plus sérieuse qu'on ne pensait et qu'elle ne le croyait certainement elle-même. Je n'avais jamais senti qu'une passion dans mon petit être, l'amour filial; cette passion se continuait en moi; ma véritable mère y répondait tantôt trop, tantôt pas assez, et depuis que j'étais au couvent elle semblait avoir fait vœu de repousser mes élans et de me restituer à moi-même pour ainsi dire. Ma grand'mère me boudait parce que j'avais accepté l'épreuve qu'elle m'avait imposée. Ni l'une ni l'autre n'avait plus de raison que moi. J'avais besoin d'une mère sage, et je commençais à comprendre que l'amour maternel, pour être un refuge, ne doit pas être une passion jalouse. Malgré la dissipation où mon être moral semblait s'être absorbé et comme évaporé, j'avais toujours mes heures de rêverie douloureuse et de sombres réflexions, dont je ne faisais part à personne. J'étais parfois si triste en faisant mes folies, que j'étais forcée de m'avouer malade pour ne pas m'épancher. Mes compagnes anglaises se moquaient de moi et me disaient : « *You are low-spirited to-day? — What is the matter with you?* [1] » Isabelle avait coutume de répéter quand j'étais jaune et abattue : « *She is in her low-spirits, in her spiritual absences.* » Elle faisait ma charge, je riais et je gardais mon secret.

---

[1] Cette phrase et la suivante ne sont pas littéralement traduisibles : *Vos esprits sont bas* (abattus) *aujourd'hui. Qu'est-ce que vous avez? — Elle est bas espritée, elle est dans ses absences spirituelles.*

J'étais diable moins par goût que par laisser aller. J'aurais tourné à la sagesse si mes diables l'eussent voulu. Je les aimais, ils me faisaient rire, ils m'arrachaient à moi-même; mais cinq minutes de sévérité de madame Alicia me faisaient plus de bien, parce que, dans cette sévérité, soit amitié particulière, soit charité chrétienne, je sentais un intérêt plus sérieux et plus durable qu'il n'y en avait dans cet échange de gaieté entre mes compagnes et moi. Si j'avais pu vivre à l'ouvroir ou dans la cellule de ma chère mère, au bout de trois jours je n'aurais plus compris qu'on s'amusât sur les toits ou dans les caves.

J'avais besoin de chérir quelqu'un et de le placer dans ma pensée habituelle au-dessus de tous les autres êtres, de rêver en lui la perfection, le calme, la force, la justice; de vénérer enfin un objet supérieur à moi, et de rendre dans mon cœur un culte assidu à quelque chose comme Dieu ou comme *Corambé*. Ce quelque chose prenait les traits graves et sereins de Marie Alicia. C'était mon idéal, mon saint amour, c'était la mère de mon choix.

Quand j'avais fait le diable tout le jour, je me glissais le soir dans sa cellule après la prière. C'était une des prérogatives de mon adoption. La prière finissait à huit heures et demie. Nous montions l'escalier de notre dortoir et nous trouvions dans les longs corridors (qu'on appelait dortoirs aussi, parce que toutes les portes des cellules y donnaient) les nonnes alignées sur deux rangs, et rentrant chez elles en psalmodiant à haute voix des prières en latin. Elles s'arrêtaient devant une madone qui était sur le dernier palier, et là elles se séparaient après plusieurs versets et répons. Chacune entrait dans sa cellule sans rien dire, car, entre la prière et le sommeil, le silence leur était imposé.

Mais celles qui avaient une fonction à remplir auprès des malades ou auprès de leurs filles étaient dispensées de s'astreindre à ce règlement. J'avais donc le droit d'entrer chez ma mère entre neuf heures moins un quart et neuf heures. Lorsque neuf heures sonnaient à la grande horloge, il fallait que sa lumière fût éteinte et que je fusse rentrée au dortoir. C'était donc quelquefois cinq ou six minutes seulement qu'elle pouvait m'accorder, encore avec préoccupation et l'oreille attentive aux *quarts*, *demi-quarts* et *avant-quarts* que sonnait la vieille horloge, car madame Alicia était scrupuleusement fidèle à l'observance des moindres règles, et elle n'y eût pas voulu manquer d'une seconde.

« Allons, me disait-elle en m'ouvrant sa porte, que je grattais d'une certaine façon pour me faire admettre, *voilà encore mon tourment!* » C'était sa formule habituelle, et le ton dont elle la disait était si bon, si accueillant, son sourire était si tendre et son regard si doux, que je me trouvais parfaitement encouragée à entrer. « Voyons, disait-elle, que venez-vous me dire de nouveau? Auriez-vous été sage, par hasard, aujourd'hui? — Non. — Mais vous n'êtes pas en bonnet de nuit cependant? (On sait que c'était la marque de pénitence qui était devenue à peu près adhérente à mon chef.) — Je ne l'ai eu que deux heures, ce soir, disais-je. — Ah! fort bien! Et ce matin? — Ce matin, je l'avais à l'église. Je me suis glissée derrière les autres pour que vous ne le vissiez point. — Ah! ne craignez rien! je vous regarde le moins possible, pour ne pas voir ce vilain bonnet. Eh bien, vous l'aurez donc encore demain? — Oh! probablement! — Vous ne voulez donc pas changer? — Je ne peux pas encore. — Alors qu'est-ce que vous venez faire chez moi? — Vous voir et me faire gronder. — Ah! cela vous amuse? — Cela me fait du bien. — Je ne m'en aperçois pas du tout, et cela me fait du mal, à moi, méchante enfant! — Ah! tant mieux! lui disais-je, cela prouve que vous m'aimez. — Et que vous ne m'aimez pas! » reprenait-elle.

Alors elle me grondait, et j'avais un grand plaisir à être grondée par elle. « Au moins, me disais-je, voilà une mère qui m'aime pour moi et qui a raison avec moi. » Je l'écoutais avec le recueillement d'une personne bien décidée à se convertir, et pourtant je n'y songeais nullement. « Allons, me disait-elle, vous changerez, je l'espère ; vos sottises vous ennuieront, et Dieu parlera à votre âme. — Le priez-vous beaucoup pour moi? — Oui, beaucoup. — Tous les jours? — Tous les jours. — Vous voyez bien que si j'étais sage vous m'aimeriez moins et ne penseriez pas si souvent à moi. »

Elle ne pouvait s'empêcher de rire, car elle avait ce fonds de gaieté qui est le cachet des bons esprits et des bonnes consciences. Elle me prenait par les épaules et me secouait comme pour faire sortir le diable dont j'étais possédée. Puis l'heure sonnait, et elle me jetait à la porte en riant. Et je remontais au dortoir, emportant, comme par influence magnétique, quelque chose de la sérénité et de la candeur de cette belle âme.

Je n'ai dit ces détails que pour compléter le portrait de ma chère Marie Alicia; car j'aurai beaucoup à revenir sur mes relations avec elle. J'achève maintenant ma nomenclature en disant que nous avions quatre sœurs converses, dont je ne me rappelle bien que deux, la sœur Thérèse et la sœur Hélène.

Sister Teresa était une grande vieille d'un beau type. Elle était gaie, brusque, moqueuse, adorablement bonne. C'est encore un de mes chers souvenirs. C'est elle qui m'avait baptisée *Madcap*. Elle ne savait pas un mot de français et ne pouvait dans aucune langue dire correctement trois paroles. C'était une Écossaise, maigre, forte, très-active, vous repoussant toujours de manière à vous attirer, se plaisant aux niches qu'on lui faisait, et capable de vous châtier à coups de balai, tout en riant plus haut que vous. Elle aussi aimait les diables et ne les craignait point.

Elle avait l'emploi de distiller l'eau de menthe, ce qui était une industrie très-perfectionnée dans notre couvent. On cultivait la plante dans de grands carrés réservés, au jardin des religieuses. Trois ou quatre fois par an on la fauchait comme une luzerne, et on l'apportait dans une vaste cave qui servait de laboratoire à la sœur Thérèse. Cette cave était située juste au-dessous de la grande classe, et on y descendait par un large escalier. C'était donc naturellement une de nos premières étapes quand nous partions pour nos escapades. Mais quand la distilleuse était absente, tout était fermé avec le plus grand soin, et quand elle était présente, il ne fallait pas songer à folâtrer au milieu de ses alambics et de ses cornues. On s'arrêtait devant la porte ouverte et on la taquinait en paroles, ce qu'elle acceptait fort bien. Cependant, moi qui savais faire tranquillement mes impertinences, j'arrivai bientôt à pénétrer dans le sanctuaire. Je me tins d'abord pendant quelque temps en observation; j'aimais à la regarder. Seule dans cette grande cave éclairée par un jour blanc qui du soupirail tombait sur sa robe violette, sur son voile d'un noir grisâtre et sur sa figure accentuée de lignes, terne de couleur comme une terre cuite, elle avait l'air d'une sorcière de Macbeth faisant ses évocations autour des fourneaux. Parfois elle était immobile comme une statue, assise auprès de l'alambic où le précieux breuvage coulait goutte à goutte ; elle lisait la Bible en silence, ou murmurait ses offices d'une voix rauque et monotone. Elle était belle dans sa rude vieillesse comme un portrait de Rembrandt.

Un jour qu'elle était absorbée ou assoupie, j'arrivai jusqu'à elle sur la pointe des pieds, et quand elle me vit au milieu de ses flacons et de tout l'attirail fragile qu'un combat folâtre eût compromis, force lui fut de capituler et de souffrir ma curiosité. Elle était si bonne qu'elle me prit en affection, Dieu sait pourquoi, et que je pus dès lors me glisser souvent à ses côtés. Quand elle vit que je n'étais pas maladroite et que je ne brisais rien, elle se laissa distraire et désennuyer par mes flâneries, et tout en me reprochant de n'être pas à la classe, elle ne me poussa jamais dehors, comme elle faisait des autres. L'odeur de la menthe lui causait des maux d'yeux et des migraines. Je l'aidais à étaler et à remuer son fourrage embaumé, et dans les jours d'été, quand on étouffait dans la classe, je trouvais un bien-être extrême à me réfugier dans cette cave dont le parfum me charmait.

CHAPITRE DOUZIÈME.

L'autre sœur converse, sœur Hélène, était la maîtresse servante du couvent. Elle faisait les lits au dortoir, balayait l'église, etc. Comme, après madame Alicia, c'est la religieuse qui m'a été la plus chère, je parlerai beaucoup d'elle en temps et lieu ; mais, à la phase de mon récit où je me trouve, je n'ai rien à en dire. Je fus longtemps sans faire la moindre attention à elle.

Les deux autres converses faisaient la cuisine. Ainsi, au couvent comme ailleurs, il y avait une aristocratie et une démocratie. Les *dames de chœur* vivaient en patriciennes. Elles avaient des robes blanches et du linge fin. Les converses travaillaient comme des prolétaires, et leur vêtement sombre était plus grossier. C'étaient de vraies femmes du peuple, sans aucune éducation, et beaucoup moins absorbées par l'église et les offices que par les travaux de ce grand ménage. Elles n'étaient pas en nombre pour y suffire, et il y avait en outre deux servantes séculières, Marie-Anne et Marie-Josèphe, sa nièce, deux créatures excellentes qui me dédommageaient bien de Rose et de Julie.

En général, on était bon comme Dieu dans cette grande famille féminine. Je n'y ai pas rencontré une seule méchante compagne, et parmi les religieuses et les maîtresses, sauf mademoiselle D***, je n'ai trouvé que tendresse ou tolérance. Comment ne chérirais-je pas le souvenir de ces années les plus tranquilles, les plus heureuses de ma vie ? J'y ai souffert de moi-même au physique et au moral, mais, en aucun temps et en aucun lieu, je n'ai moins souffert de la part des autres.

CHAPITRE TREIZIÈME

Départ d'Isabelle pour la Suisse. — Amitié protectrice de Sophie pour moi. — Fannelly. — La liste des affections. — Anna. — Isabelle quitte le couvent. — Fannelly me console. — Retour sur le passé. — Précautions mal entendues des religieuses. — Je fais des vers. — J'écris mon premier roman. — Ma grand'mère revient à Paris. — M. Abraham. — Études sérieuses pour la présentation à la cour. — Je retombe dans mes chagrins de famille. — On me met en présence d'épouseurs. — Visites chez les vieilles comtesses. — On me donne une cellule. — Description de ma cellule. — Je commence à m'ennuyer de la *diablerie*. — La vie des saints. — Saint Siméon le Stylite, saint Augustin, saint Paul. — Le Christ au jardin des Oliviers. — L'Évangile. — J'entre un soir dans l'église.

Mon premier chagrin à la grande classe fut le départ d'Isabelle. Ses parents l'emmenaient en Suisse avec sa sœur aînée, qui n'était pas au couvent. Isabelle partit, joyeuse de faire un si beau voyage, ne regrettant que Sophie, et faisant fort peu d'attention à mes larmes. J'en fus blessée. J'aimais Sophie et j'en étais doublement jalouse : jalouse, parce qu'elle me préférait Isabelle, jalouse, parce que Isabelle me la préférait. J'eus quelques jours de grand chagrin. Mais la jalousie en amitié n'est point mon mal, je la méprise et m'en défends assez bien. Quand je vis Sophie pleurer son amie et dédaigner mes consolations, je ne fis pas la superbe. Je la priai de m'associer à ses regrets, d'être triste avec moi sans se gêner et de me parler d'Isabelle sans jamais craindre de lasser ma patience et mon affection. « Au fait, me dit Sophie en se jetant dans mes bras, je ne sais pas pourquoi nous t'avions traitée comme un enfant, Isabelle et moi. Tu as plus de cœur qu'on ne pense, et je te jure amitié sérieuse. Tu me permettras d'aimer Isabelle avant tout. Elle y a droit par ancienneté ; mais après Isabelle, je sens que c'est toi que j'aime plus que tout le monde ici. »

J'acceptai joyeusement la part qui m'était faite, et je devins l'inséparable de Sophie. Elle fut toujours aimable et charmante ; mais je dois dire que, pour l'élan du cœur et le dévouement complet, je fis toujours les frais de cette amitié ; Sophie était exclusive malgré elle. Son âme ne pouvait se partager. Je l'accusai quelquefois d'ingratitude, puis je sentis que j'avais tort, et, sans la quitter d'une semelle, j'ouvris mon cœur à d'autres amitiés.

Mary partit pour un voyage en Angleterre. Elle devait revenir bientôt, et je ne m'en affectai pas beaucoup, parce que mon entrée à la grande classe nous avait beaucoup séparées, et qu'à son retour elle devait m'y rejoindre. Mais son absence se prolongea. Elle ne revint qu'au bout d'un an et pour rentrer à la petite classe. L'affection qui s'empara de moi me dédommagea de toutes ces pertes, et je trouvai dans Fannelly de Brisac la plus aimante de toutes mes amies.

C'était une petite blonde, fraîche comme une rose et d'une physionomie si vive, si franche, si bonne, qu'on avait du plaisir à la regarder. Elle avait de magnifiques cheveux cendrés qui tombaient en longues boucles sur ses yeux bleus et sur ses joues rondelettes. Comme elle remuait toujours, qu'elle ne savait pas marcher sans courir ni courir sans bondir comme une balle, ce perpétuel flottement de cheveux était la chose la plus gaie du monde. Ses lèvres vermeilles ne savaient que sourire, et comme elle était de Nérac, elle avait un petit accent gascon qui réjouissait l'oreille. Ses sourcils se rejoignaient au-dessus de son petit nez, ses yeux pétillaient comme des étincelles. Elle agissait et entreprenait toujours, elle ne connaissait pas la rêverie. Elle babillait sans désemparer. Elle était tout feu, tout cœur, tout soleil, un vrai type méridional, la plus aimable, la plus vivante, la plus prévenante compagne que j'aie jamais eue.

Elle m'aima la première et me le dit sans savoir comment j'y répondrais. J'y répondis tout de suite et de tout mon cœur, sans savoir où cela me mènerait. Mais ma bonne étoile avait présidé à ce pacte d'inspiration. Je trouvai en elle un trésor de bonté, la douceur d'un ange dans la pétulance d'un démon, un esprit rayonnant de santé morale, une abondance de cœur inépuisable, une complaisance empressée, ingénieuse, active, une droiture et une générosité d'instincts à toute épreuve, un caractère comme on n'en rencontre pas trois dans la vie pour l'unité, l'égalité, la sûreté. Cette personne-là a toujours vécu loin de moi depuis, nous ne nous sommes presque pas écrit. Elle n'était pas *écriveuse,* comme nous disions au couvent; nous ne nous sommes pas revues. Elle s'est mariée avec un homme très-estimable, M. le Franc de Pompignan, mais dont la religion politique et sociale doit être tout l'opposé de la mienne. Elle doit donc vivre dans un milieu où je suis considérée très-probablement comme un suppôt de l'Antechrist [1]. Mais, en dépit de tout cela, il y a une chose dont je suis aussi assurée que de ma propre existence, c'est que Fan-

---

[1] Ce n'est pas une raison pour omettre de rappeler la belle action qui s'est passée depuis que ces lignes sont écrites. Sous-préfet à Nérac, M. de Pompignan est descendu dans un puits méphitique où personne n'osait se risquer, pour en retirer de pauvres ouvriers asphyxiés. Parvenu au but de ses efforts, M. de Pompignan, qui par deux fois déjà s'était évanoui, replongeant toujours avec un nouveau courage, faillit payer de sa vie l'admirable dévouement de son cœur.

nelly m'aime toujours tendrement et ardemment, c'est qu'aucun nuage n'a passé sur cette irrésistible et complète sympathie que nous avons éprouvée l'une pour l'autre il y a trente ans, c'est qu'elle ne pense jamais à moi sans se dire qu'elle m'aime et sans être certaine que je l'aime aussi. Qui ne l'eût aimée? Elle n'avait pas un seul défaut, pas un seul travers. A la voir si rieuse, si échevelée, si *en l'air*, on eût pu croire qu'elle ne pensait à rien, et cependant elle pensait toujours à vous être agréable ; elle vivait pour ainsi dire de l'affection qu'elle vous portait et du plaisir qu'elle voulait vous donner. Je la vois toujours entrant dans la classe dix fois par jour (car elle savait sortir de classe comme personne), et remuant sa jolie tête blonde à droite et à gauche pour me chercher. Elle était myope, malgré ses beaux yeux. « *Ma tante*, disait-elle, où est donc ma tante? qu'a-t-on fait de ma tante? Mesdemoiselles, mesdemoiselles, qui a vu ma tante? — Eh! je suis là, lui disais-je. Viens donc auprès de moi.

— Ah! c'est bien, ma tante! Tu m'as gardé ma place à côté de toi. C'est bien, c'est bien, nous allons rire. Mais qu'est-ce que tu as, ma tante? Tu as l'air soucieux ; voyons, dis-moi ce que tu as!

— Mais rien.

— En ce cas, ris donc; est-ce que tu t'ennuies? Eh, oui, je parie. Il y a au moins une heure que tu es tranquille. Viens, décampons ; j'ai découvert quelque chose de charmant. »

Et elle m'emmenait battre les buissons dans le jardin, ou les pavés dans le cloître, et elle avait toujours préparé quelque folle surprise pour me divertir. Il n'y avait pas moyen d'être triste ou seulement rêveuse avec elle, et ce qu'il y avait de remarquable dans ce charmant naturel, c'est que son tourbillonnement ne fatiguait jamais. Elle vous arrachait à vous-même et ne vous faisait jamais regretter de vous être laissée aller. Elle était pour moi la santé, la vie de l'âme et du corps. C'était le ciel qui me l'envoyait, à moi qui avais, qui ai toujours eu besoin précisément de l'initiative des autres pour exister.

Je trouvais fort doux d'être aimée ainsi, et je dois ajouter que cette enfant est dans ma vie le seul être dont je me sois sentie aimée à toute heure avec la même intensité et la même placidité.

Comment fit-elle durant deux années d'intimité pour ne pas se lasser de moi un seul instant ? C'est qu'elle avait une libéralité de cœur tout exceptionnelle. C'est aussi qu'elle avait un esprit peu ordinaire. Elle avait trouvé le secret de me transformer, de me rendre amusante, de m'arracher si bien à mes langueurs et à mes abattements, qu'elle en était venue à me croire vivante comme elle. Elle ne se doutait pas que c'était elle qui me donnait la vie.

On avait au couvent l'enfantine et plaisante habitude d'établir et de respecter le classement de ses amitiés. L'on exigeait cela les unes des autres, ce qui prouve que la femme est née jalouse, et tient à ses droits dans l'affection, à défaut d'autres droits à faire valoir dans la société. Ainsi on dressait la liste de ses relations plus ou moins intimes ; on les classait par ordre, et les initiales des quatre ou cinq noms préférés étaient comme une devise qu'on lisait sur les cahiers, sur les murs, sur les couvercles de pupitre, comme autrefois l'on mettait certains chiffres et certaines couleurs sur ses armes et sur son palefroi. Quand on avait donné la première place, on n'avait pas le droit de la reprendre pour la donner à une autre. L'ancienneté faisait loi. Ainsi ma liste de la grande classe portait invariablement Isabella Clifford en tête, et puis Sophie Cary. Quand vint Fannelly, elle ne put avoir que la troisième place, et bien que Fannelly n'eût pas de meilleures amies que moi, bien qu'elle n'en eût jamais d'autres que les miennes, elle accepta sans jalousie et sans chagrin cette troisième place. Après elle vint Anna Vié, qui eut la quatrième ; et pendant près d'une année je ne formai pas d'autres relations. Le nom de madame Alicia couronnait toujours la liste, elle brillait seule, au-dessus, comme mon soleil. Les initiales de mes quatre compagnes formaient le mot *Isfa,* que je traçais sur tous les objets à mon usage dans la classe, comme une formule cabalistique. Quelquefois je l'entourais d'une auréole de petits *a* pour signifier qu'Alicia remplissait tout le reste de mon cœur. Combien de fois madame Eugénie, qui avec sa vue débile voyait cependant tout, et mettait son petit nez curieux dans toutes nos paperasses, s'est-elle creusé l'esprit pour découvrir ce que signifiait ce mot mystérieux ! Chacune de nous, ayant quelque logogriphe du même genre, lui laissait présumer que nous avions une langue de convention, et qu'à l'aide de ce langage nous conspirions contre son autorité. Mais elle interrogeait vainement. On lui disait que c'étaient des lettres jetées au hasard pour essayer les plumes. Le mystère est une si belle chose quand il ne cache aucun secret !

Anna Vié, ma *quatrième*, était une personne très-intelligente, gaie, railleuse, malicieuse, la plus spirituelle du couvent en paroles. Il était impossible de ne pas se plaire avec elle. Elle était laide et pauvre, et les deux disgrâces dont elle riait sans cesse faisaient son plus grand charme; orpheline, elle avait pour tout appui un vieil oncle grec, M. de Césarini, qu'elle connaissait peu et craignait beaucoup. Diable au premier chef, rageuse surtout, redoutée pour son ironie, elle avait pourtant un noble et généreux cœur. Sa gaieté brillante cachait un grand fonds d'amertume. Son avenir, qui se présentait toujours à elle sous des couleurs sombres ; son esprit, qui la faisait craindre plus qu'aimer; ses pauvres petites robes noires, fanées ; sa petite taille, qui ne se développait point, son teint jaune et bilieux, ses petits yeux étranges, tout lui était un sujet de plaisanterie apparente et de douleur secrète. A cause de cela, on la croyait envieuse des avantages des autres. Cela n'était point. Elle avait une grande droiture de jugement, une grande élévation d'idées, et quand elle vous aimait assez pour ne plus rire avec vous, elle pleurait avec noblesse et s'emparait de votre sympathie. Longtemps nous caressâmes ensemble le rêve qu'elle viendrait habiter Nohant quand j'y retournerais. Ma grand'mère souriait à ce projet, mais l'oncle d'Anna, à qui celle-ci en parla d'abord, ne s'y montra pas favorable.

Je l'ai revue une ou deux fois depuis notre séparation. Elle avait épousé un M. Desparbès de Lussan, de la famille de madame de Lussan qui avait été l'amie intime de ma grand'mère. Anna, mariée, n'était plus la même personne. Elle avait grandi, son teint s'était éclairci ; sans être jolie, elle était devenue agréable. Elle habitait la campagne à Ivry. Son mari n'était ni jeune, ni riche, ni *avenant*, mais elle s'en louait beaucoup, et, soit pour lui complaire, soit pour se réconcilier avec son sort qui ne paraissait pas enivrant, elle était devenue dévote, de sceptique très-obstinée que je l'avais connue.

Un autre changement qui m'étonna davantage et qui m'affligea fut la contrainte et la froideur de ses manières avec moi. Je n'étais pourtant pas George Sand alors, et je ne songeais guère à le devenir. J'étais encore catholique, et si inconnue en ce monde que personne ne songeait à dire du mal de moi. La réserve de mon ancienne amie ne m'eût peut-être pas empêchée de la revoir, car je croyais deviner qu'elle n'était pas plus heureuse dans le monde qu'au couvent, et qu'elle aurait besoin de s'épancher avec moi quand nous serions seules; mais je n'habitais point Paris, et les douze ou treize ans que j'ai passés à Nohant après mon mariage ont forcément rompu la plupart de mes relations de couvent. J'ai su qu'Anna avait perdu son mari après quelques années de mariage, et je ne sais pas ce qu'elle est devenue. Puisse-t-elle être heureuse ! Elle avait toujours désespéré de pouvoir l'être, et pourtant elle le méritait beaucoup.

Pendant près d'un an, Sophie, Fannelly, Anna et moi, nous fûmes inséparables. Je fus le lien entre elles; car avant que Sophie m'eût acceptée pour sa *seconde,* et que les deux autres m'eussent adoptée pour leur *première,* elles n'avaient pas marché ensemble. Notre intimité fut sans nuages. Je souffrais bien un peu des fréquentes *indifférences* de Sophie, qui se croyait obligée d'aimer Isabelle absente plus que moi, tandis que je me croyais obligée d'aimer

Isabelle absente et Sophie indifférente plus que Fannelly et Anna, qui m'adoraient généreusement. Mais c'était la règle, la loi. On aurait cru mériter l'odieuse qualification d'inconstante si on eût dérangé l'ordre de la liste. Pourtant je dois dire à ma justification qu'en dépit de la liste, en dépit de l'ancienneté, en dépit des promesses échangées, je ne pouvais m'empêcher de sentir que j'aimais Fannelly plus que toutes les autres, et je lui faisais souvent cet étrange raisonnement : « Par ma volonté tu n'es que ma troisième, mais contre ma volonté tu es ma première et peut-être ma seule. » Elle riait. « Qu'est-ce que cela me fait, me disait-elle, que tu me comptes la troisième, si tu m'aimes comme je t'aime ? va, *ma tante*, je ne t'en demande pas davantage. Je ne suis pas fière, et j'aime celles que tu aimes. » Isabelle revint de Suisse au bout de quelques mois, mais elle vint nous voir pour nous dire adieu : elle quittait définitivement le couvent. Elle partait pour l'Angleterre. J'eus un désespoir complet, d'autant plus que, tout absorbée par Sophie, elle s'apercevait à peine de ma présence et se retourna pour dire : « *Qu'a donc cette petite à pleurer comme cela ?* » Je trouvai le mot bien dur ; mais comme Sophie lui dit que j'avais été sa consolatrice et qu'elle m'avait prise pour amie, Isabelle s'efforça de me consoler et voulut que je fusse en tiers dans leur promenade. Elle revint nous voir une autre fois, et partit peu de temps après.

Elle a fait un riche mariage. Je ne l'ai jamais revue.

Sophie ne se consola pas de cette séparation. Pour moi, dont l'amitié avait été plus courte et moins heureuse, je m'en laissai consoler par ma chère Fannelly, et je fis bien ; car Isabelle n'avait jamais vu en moi qu'un enfant, et d'ailleurs, elle était peut-être plus sentimentale que tendre.

Mon année, presque mes dix-huit mois de *diablerie* s'écoulèrent comme un jour et sans que j'en eusse pour ainsi dire conscience. Sophie et Anna prétendaient s'ennuyer mortellement au couvent, et que ce fût un *genre* ou une réalité, toutes mes compagnes disaient la même chose. Il n'y avait que les dévotes qui se fussent interdit la plainte, et elles n'en paraissaient pas plus gaies. Tous ces enfants avaient été apparemment bien heureux dans leurs familles. Celles qui, comme Anna, n'avaient pas de famille, et dont les jours de sortie n'étaient rien moins que gais, rêvaient un monde de plaisirs, de bals, de délices, de voyages, que sais-je ! tout ce qui était la liberté et l'absence d'occupations réglées. La claustration et la règle sont apparemment ce qu'il y a de plus antipathique à l'adolescence.

Pour moi, si je souffris physiquement de la claustration, je ne m'en aperçus pas au moral ; mon imagination ne devançait pas les années, et l'avenir me faisait plus de peur que d'envie. Je n'ai jamais aimé à regarder devant moi. L'inconnu m'effraye, j'aime mieux le passé qui m'attriste. Le présent est toujours une sorte de compromis entre ce que l'on a désiré et ce que l'on a obtenu. Tel qu'il est, on l'accepte ou on le subit, on sait qu'on a déjà subi ou accepté beaucoup de choses, mais que sait-on de ce qu'on pourra subir ou accepter le lendemain? Je n'ai jamais voulu me laisser dire ma bonne aventure : je ne crois certes pas à la divination, mais l'avenir matériel me paraît toujours quelque chose de si grave que je n'aime pas qu'on m'en parle, même en rébus et en jongleries. Pour mon compte, je n'ai jamais fait à Dieu qu'une demande dans mes prières ; c'est d'avoir la force de supporter ce qui m'arriverait.

Avec cette disposition d'esprit, qui n'a jamais changé, je me trouvai donc heureuse au couvent plus qu'ailleurs ; car là, personne ne connaissant à fond le passé des autres, personne ne pouvait parler aux autres de ce qui devait leur arriver. Les parents parlent toujours de l'avenir à leurs enfants. Cet avenir de leur progéniture, c'est leur continuel souci, leur tendre et inquiète préoccupation. Ils voudraient l'arranger, l'assurer ; ils y consument toute leur vie, et pourtant la destinée dément et déjoue toutes leurs prévisions. Les enfants ne profitent jamais des recommandations qu'on leur a faites. Certain instinct d'indépendance ou de curiosité les pousse même le plus souvent en sens contraire. Les nonnes n'ont pas le même genre de sollicitude pour les enfants qu'elles élèvent. Pour elles, il n'y a pas d'avenir sur la terre. Elles ne voient que le ciel ou l'enfer, et l'avenir, dans leur langage, s'appelle le salut. Avant même d'être dévote, ce genre d'avenir ne m'effrayait pas comme l'autre. Puisque, selon les catholiques, on est libre de choisir entre le salut et la damnation, puisque la grâce n'est jamais en défaut et que la moindre bonne volonté vous jette dans une voie où les anges mêmes daignent marcher devant vous, je me disais avec une confiance superbe que je ne courais aucun danger, que j'y penserais quand je voudrais, et je ne me pressais pas d'y penser. Je n'étais pas sensible aux considérations d'intérêt personnel. Elles n'ont jamais agi sur moi, même en matière de religion. Je voulais aimer Dieu pour la seule douceur de l'aimer, je ne voulais pas avoir peur de lui; voilà ce que je disais quand on s'efforçait de m'épouvanter.

Sans réflexion et sans souci de cette vie et de l'autre, je ne songeais qu'à m'amuser, ou, pour mieux dire, je ne songeais même pas à cela; je ne songeais à rien. J'ai passé les trois quarts de ma vie ainsi, et pour ainsi dire à l'état latent. Je crois bien que je mourrai sans avoir réellement songé à vivre, et pourtant j'aurai vécu à ma manière, car rêver et contempler est une action insensible qui remplit parfaitement les heures et occupe les forces intellectuelles sans les trop user.

Je vivais donc là sans savoir comment et toujours prête à m'amuser comme l'entendraient mes amies. Anna aimait à causer, je l'écoutais. Sophie était rêveuse et triste, je m'attachais à ses pas en silence, ne la troublant pas dans ses méditations, ne la boudant pas quand elle revenait à moi. Fannelly aimait à courir, à rire, à fureter, à organiser toujours quelque diablerie, je devenais tout feu, tout joie, tout mouvement avec elle. Heureusement pour moi, elle s'emparait de moi; Anna nous suivait par amitié et Sophie par désœuvrement; alors commençaient des escapades et des vagabondages qui duraient des journées entières. On se donnait rendez-vous dans un coin quelconque, Fannelly, dont la petite bourse était toujours la mieux garnie et qui avait l'art de faire acheter en cachette par le portier tout ce qu'elle voulait, nous préparait sans cesse des surprises de gourmandise. C'était un melon magnifique, des gâteaux, des paniers de cerises ou de raisin, des beignets, des pâtés, que sais-je! Elle s'ingéniait à nous régaler toujours de quelque chose d'inattendu et de prodigieux. Pendant tout un été, nous ne fûmes nourries que par contrebande, et quelle folle nourriture! Il fallait avoir quinze ans pour n'en pas tomber malade. De mon côté, j'apportais les friandises que me donnaient madame Alicia et la sœur Thérèse, qui confectionnait elle-même des *dumpleens* et des *puddings* délicieux, et qui m'appelait dans son laboratoire pour en bourrer mes poches.

Mettre en commun nos friandises et les manger en cachette aux heures où l'on ne devait pas manger, c'était une fête, une partie fine et des rires inextinguibles, et des saletés de l'autre monde, comme de lancer au plafond la croûte d'une tarte aux confitures et de la voir s'y coller avec grâce, de cacher des os de poulet au fond d'un piano, de semer des pelures de fruits dans les escaliers sombres pour faire tomber les personnes graves. Tout cela paraissait énormément spirituel, et l'on se grisait à force de rire; car en fait de boisson nous n'avions que de l'eau ou de la limonade.

La recherche de la *victime* était poursuivie avec ardeur, et j'aurais à raconter bien des déceptions qu'elle nous causa. Mais j'ai déjà raconté trop d'enfantillages, et, je le crains, avec trop de complaisance.

Je ne voudrais pourtant pas avoir oublié que mon but, en retraçant mes souvenirs, est d'intéresser mon lecteur au souvenir de sa propre vie. Déchirerai-je les pages qui précèdent comme puériles et sans utilité? Non! la gaieté, l'espièglerie même de l'adolescence, toujours mêlées d'une certaine poésie ou d'une grande activité d'imagination, sont une phase de notre existence que nous ne retraçons jamais sans nous sentir redevenir meilleurs, quand l'âge a passé sur nos têtes. L'adolescence est un âge de candeur, de courage et de dévouement souvent déraisonnable, toujours sincère et spontané ; ce que l'âge nous fait acquérir d'expérience et de jugement est au détriment de cette ingénuité première, qui ferait de nous des êtres parfaits si nous la conservions tout en acquérant la maturité. Faute de raison, ces trésors de la première jeunesse sont perdus ou stériles ; mais en nous reportant à ce temps de prodigalité morale, nous reprenons possession de notre véritable richesse, et nul de nous ne serait capable d'une mauvaise action s'il avait toujours devant les yeux le spectacle de sa première innocence. Voilà pourquoi ces souvenirs sont bons pour tout le monde comme pour moi.

Pourtant j'abrége, car si je voulais rapporter tout ce que je me rappelle avec plaisir et avec une exactitude de mémoire, à certains égards, qui me surprend moi-même, je remplirais tout un volume. Il suffira de dire que je passai longtemps dans cet état de diablerie, ne faisant quoi que ce soit, si ce n'est d'apprendre un peu d'italien, un peu de musique, un peu de dessin, le moins possible, en vérité. Je m'appliquais seulement à l'anglais, que j'avais hâte de savoir parce que la moitié de la vie était manquée au couvent quand on n'entendait pas cette langue. Je commençais aussi à vouloir écrire. Nous en avions toutes la rage, et celles qui manquaient d'imagination passaient leur temps à s'écrire des lettres les unes aux autres : lettres parfois charmantes de tendresse et de naïveté, que l'on nous interdisait sévèrement comme si c'eussent été des billets doux, mais que la prohibition rendait plus actives et plus ardentes.

Disons en passant que la grande erreur de l'éducation monastique est de vouloir exagérer la chasteté. On nous défendait de nous promener deux à deux, il fallait être au moins trois; on nous défendait de nous embrasser; on s'inquiétait de nos correspondances innocentes, et tout cela nous eût donné à penser si nous eussions eu en nous-mêmes seulement le germe des mauvais instincts qu'on nous supposait apparemment. Je sais que j'en eusse été fort blessée, pour ma part, si j'eusse compris le motif de ces prescriptions bizarres. Mais la plupart d'entre nous, élevées simplement et chastement dans leurs familles, n'attribuaient ce système de réserve excessive qu'à l'esprit de dévotion, qui restreint l'élan des affections humaines en vue d'un amour exclusif pour le Créateur.

Je commençais donc à écrire, et mon premier essai, comme celui de tous les jeunes cerveaux, prit la forme de l'alexandrin. Je connaissais les règles de la versification et j'y avais toujours fait, contre

Deschartres, une opposition obstinée : j'avais parfaitement tort; il n'y a pas de milieu entre la prose libre et le vers régulier. Je prétendais trouver un terme moyen, rimer de la prose et conserver une sorte de rhythme, sans me soucier de la rime et de la césure. Enfin je prenais mes aises, prétendant que la règle était trop rigoureuse et gênait l'élan de la pensée. Je fis ainsi beaucoup de prétendus vers qui eurent grand succès au couvent, où l'on n'était pas difficile, il faut l'avouer. Ensuite il me prit fantaisie d'écrire un roman, et bien que je ne fusse pas du tout dévote alors, ce fut un roman chrétien et dévot.

Ce prétendu roman était plutôt une nouvelle, car il n'avait qu'une centaine de pages. Le héros et l'héroïne se rencontraient, un soir, dans la campagne, aux pieds d'une madone où ils faisaient leurs prières. Ils s'admiraient et s'édifiaient l'un l'autre; mais, quoiqu'il fût de règle qu'ils devinssent amoureux l'un de l'autre, ils ne le devinrent pas. J'avais résolu, par les conseils de Sophie, de les amener à s'aimer; mais quand j'en fus là, quand je les eus décrits beaux et parfaits tous les deux, dans un site enchanteur, au coucher du soleil, à l'entrée d'une chapelle gothique ombragée de grands chênes, jamais je ne pus dépeindre les premières émotions de l'amour. Cela n'était point en moi, il ne me vint pas un mot. J'y renonçai. Je les fis ardemment pieux, quoique la piété ne fût pas plus en moi que l'amour; mais je la comprenais, parce que j'en avais le spectacle sous les yeux, et peut-être d'ailleurs le germe de cet amour-là commençait-il à éclore en moi à mon insu. Tant il y a que mes deux jeunes gens, après plusieurs chapitres de voyages et d'aventures que je ne me rappelle pas du tout, se consacrèrent à Dieu chacun de son côté : la demoiselle prit le voile, et le héros se fit prêtre.

Sophie et Anna trouvèrent mon roman *bien écrit*, et les détails leur plurent. Mais elles déclaraient que *Fitz Gérald* (c'était le nom du héros) était un personnage fort ennuyeux, et que l'héroïne n'était guère plus divertissante. Il y avait une mère qui leur plut davantage; mais, en somme, ma prose eut moins de succès que mes vers, et ne me charma point moi-même. Je fis un autre roman, un roman pastoral, que je jugeai plus mauvais que le premier et dont j'allumai le poêle un jour d'hiver. Puis je cessai d'écrire, jugeant que cela ne pourrait jamais m'amuser, et trouvant qu'en comparaison de l'infinie jouissance morale que j'avais goûtée à composer sans écrire, tout serait à jamais stérile et glacé pour moi.

Je continuais toujours, sans l'avoir jamais confié à personne, mon éternel poëme de *Corambé*. Mais c'était à bâtons rompus, car au couvent, comme je

CHAPITRE TREIZIÈME.

l'ai dit, le roman était en action, et le sujet, c'était la victime du souterrain, sujet bien plus émouvant que toutes les fictions possibles, puisque nous prenions cette fiction au sérieux.

Ma grand'mère vint au milieu du second hiver que je passai au couvent. Elle repartit deux mois après, et je sortis, en tout, cinq ou six fois. Ma tenue de pensionnaire ne lui plut pas mieux que ma tenue de campagnarde. Je ne m'étais nullement formée aux belles manières. J'étais plus distraite que jamais. Les leçons de danse de M. Abraham, ex-professeur de grâces de Marie-Antoinette, ne m'avaient donné aucune espèce de grâce. Cependant M. Abraham faisait son possible pour nous donner une tenue de cour. Il arrivait en habit carré, jabot de mousseline, cravate blanche à longs bouts, culotte courte et bas de soie noirs, souliers à boucles, perruque à bourse et à frimas, le diamant au doigt, la pochette en main. Il avait environ quatre-vingts ans, toujours mince, gracieux, élégant, une jolie tête ridée, veinée de rouge et de bleu sur un fond jaune, comme une vieille feuille nuancée par l'automne, mais fine et distinguée. C'était le meilleur homme du monde, le plus poli, le plus solennel, le plus convenable. Il donnait leçon par première et seconde division de quinze ou vingt élèves chacune, dans le grand parloir de la supérieure, dont nous franchissions la grille à cette occasion. Là M. Abraham nous démontrait la grâce par raison géométrique, et après les pas d'usage il s'installait dans un fauteuil et nous disait : « Mesdemoiselles, je suis le roi, ou la reine, et comme vous êtes toutes appelées, sans doute, à être présentées à la cour, nous allons étudier les entrées, les révérences et les sorties de la présentation. »

D'autres fois on étudiait des solennités plus habituelles, on représentait un salon de graves personnages. Le professeur faisait asseoir les unes, entrer et sortir les autres, montrait la manière de saluer la maîtresse de la maison, puis la princesse, la duchesse, la marquise, la comtesse, la vicomtesse, la baronne et la présidente, chacune dans la mesure de respect ou d'empressement réservée à sa qualité. On figurait aussi le prince, le duc, le marquis, le comte, le vicomte, le baron, le chevalier, le président, le vidame et l'abbé. M. Abraham faisait tous ces rôles et venait saluer chacune de nous, afin de nous apprendre comment il fallait répondre à toutes ces révérences, reprendre le gant ou l'éventail offert, sourire, traverser l'appartement, s'asseoir, changer de place, que sais-je ! Tout était prévu, même la manière d'éternuer, dans ce code de la politesse française. Nous pouffions de rire, et nous faisions exprès mille balourdises pour le désespérer. Puis, vers la fin de la leçon, pour le renvoyer content, le brave homme (car il y avait bar-

CHAPITRE TREIZIÈME.

barie à contrarier tant de douceur et de patience), nous affections toutes les grâces et toutes les mines qu'il nous demandait. C'était pour nous une comédie que nous avions bien de la peine à jouer sans lui rire au nez, mais qui nous apprenait à jouer la comédie tant bien que mal. Il faut croire que la grâce du temps du père Abraham était bien différente de celle d'aujourd'hui ; car, plus nous nous rendions à dessein ridicules et affectées, plus il était satisfait, plus il nous remerciait de notre bonne volonté.

Malgré tant de soins et de théorie, je me tenais toujours voûtée, j'avais toujours des mouvements brusques, des allures naturelles, l'horreur des gants et des profondes révérences. Ma bonne maman me grondait vraiment trop pour ces vices-là. Elle grondait à sa manière, l'excellente femme, d'une voix douce et avec des paroles caressantes. Mais il me fallait un grand effort sur moi-même pour cacher l'ennui et l'impatience que me causaient ces perpétuels petits mécontentements. J'eusse tant voulu lui agréer ! Je n'en venais point à bout. Elle me chérissait, elle ne vivait que pour moi, et il semblait qu'il y eût dans ma simplicité et dans ma malheureuse absence de coquetterie quelque chose qu'elle ne pût accepter, quelque chose d'antipathique qu'elle ne pouvait vaincre, peut-être une sorte de vice originel qui sentait le peuple en dépit de tous ses soins. Pourtant je n'étais pas *butorde ;* ma nature calme et portée à la confiance ne me poussait point à des manières importunes ou grossières. J'étais préoccupée la plupart du temps, Dieu sait de quoi, de rien peut-être le plus souvent. Je n'avais pas de causerie avec ma grand'mère. De quoi parler ? De nos folies, de nos souterrains, de nos paresses, de nos amitiés de couvent ? C'était toujours la même chose, et je je ne portais pas mes regards sur le monde et sur l'avenir dont elle eût voulu me voir préoccupée. On me présentait déjà des jeunes gens à marier, et je ne m'en apercevais pas. Quand ils étaient sortis, on me demandait comment je les avais trouvés, et il se trouvait que je ne les avais pas regardés. On me grondait d'avoir pensé à autre chose pendant qu'ils étaient là, à une partie de barres ou à un achat de balles élastiques qui me trottait par la cervelle. Je n'étais pas une nature précoce ; j'avais parlé tard dans ma première enfance, tout le reste fut à l'avenant : ma force physique s'était développée rapidement ; j'avais l'air d'une demoiselle, mais mon cerveau, tout engourdi, tout replié sur lui-même, faisait de moi un enfant, et loin de m'aider à m'endormir dans cette grâce d'état, on cherchait à faire de moi une personne.

Cette grande sollicitude de ma bonne maman venait d'un grand fonds de tendresse. Elle se sentait vieillir et mourir peu à peu. Elle voulait me marier, m'attacher au monde, s'assurer que je ne tomberais pas sous la tutelle de ma mère ; et, dans la crainte de n'en avoir pas le temps, elle s'efforçait de m'inspirer la religion du monde, la méfiance pour ma famille maternelle, l'éloignement pour le milieu plébéien où elle tremblait de me laisser retomber en me quittant. Mon caractère, mes sentiments et mes idées se refusaient à la seconder. Le respect et l'amour enchaînaient ma langue. Elle me prenait tantôt pour une sotte, tantôt pour une rusée. Je n'étais ni l'une ni l'autre. Je l'aimais, et je souffrais en silence.

Ma mère semblait avoir renoncé à m'aider dans cette lutte muette et douloureuse. Elle raillait toujours le grand monde, me caressait beaucoup, m'admirait comme un prodige, et se préoccupait peu de mon avenir. Il semblait qu'elle eût accepté pour elle-même un avenir dont je ne faisais plus partie essentielle. Je me sentais navrée de cette sorte d'abandon, après la passion dont elle m'avait fait vivre dans mon enfance. Elle ne m'emmenait plus chez elle. Je vis ma sœur une ou deux fois en deux ou trois ans. Mes jours de sortie étaient remplis de visites que ma grand'mère me faisait faire avec elle à *ses vieilles comtesses*. Elle voulait apparemment les intéresser à ma jeunesse, me créer des relations, des appuis, parmi celles qui lui survivraient. Ces *dames* continuaient à m'être antipathiques, la seule madame de Pardaillan exceptée. Le soir, nous dînions ou chez les cousins Villeneuve ou chez l'oncle Beaumont. Il fallait rentrer à l'heure où je commençais à me mettre à l'aise avec ma famille. Mes jours de sortie étaient donc lugubres. Le matin, joyeuse et empressée, j'arrivais *chez nous* le cœur plein d'élan et d'impatience. Au bout de trois heures, je devenais triste. Je l'étais davantage en faisant mes adieux ; au couvent seulement je retrouvais du calme et de la gaieté.

L'événement intérieur qui me donna le plus de contentement fut d'obtenir enfin une cellule. Toutes les demoiselles de la grande classe en avaient ; moi seule je restai longtemps au dortoir, parce qu'on craignait mon tapage nocturne. On souffrait mortellement, dans ce dortoir placé sous les toits, du froid en hiver, de la chaleur en été. On y dormait mal, parce qu'il y avait toujours quelque petite qui criait de peur ou de colique au milieu de la nuit. Et puis, n'être pas *chez soi,* ne pas se sentir seul une heure dans la journée ou dans la nuit, c'est quelque chose d'antipathique pour ceux qui aiment à rêver et à contempler. La vie en commun est l'idéal du bonheur entre gens qui s'aiment. Je l'ai senti au couvent, je ne l'ai jamais oublié ; mais il faut à tout être pensant ses heures de solitude et de recueillement. C'est à ce prix seulement qu'il goûte la douceur de l'association.

La cellule qu'on me donna enfin fut la plus mauvaise du couvent. C'était une mansarde située au bout du corps de bâtiment qui touchait à l'église. Elle était contiguë à une toute semblable occupée par Coralie le Marrois, personne austère, pieuse, craintive et simple dont le voisinage devait, pensait-on, me tenir en respect. Je fis bon ménage avec elle, malgré la différence de nos goûts ; j'eus soin de ne pas troubler sa prière ou son sommeil, et de décamper sans bruit pour aller sur le palier trouver Fannelly et d'autres babilleuses, avec qui l'on errait une partie de la nuit dans le grenier *aux oignons* et dans les tribunes de l'orgue. Il nous fallait passer devant la chambre de Marie-Josèphe, la bonne du couvent ; mais elle avait un excellent sommeil.

Ma cellule avait environ dix pieds de long sur six de large. De mon lit, je touchais avec ma tête le plafond en soupente. La porte, en ouvrant, rasait la commode placée vis-à-vis, auprès de la fenêtre, et pour fermer la porte il fallait entrer dans l'embrasure de cette fenêtre, composée de quatre petits carreaux, et donnant sur une gouttière en auvent qui me cachait la vue de la cour. Mais j'avais un horizon magnifique. Je dominais une partie de Paris par-dessus la cime des grands marronniers du jardin. De vastes espaces de pépinières et de jardins potagers s'étendaient autour de notre enclos. Sauf la ligne bleue de monuments et de maisons qui fermait l'horizon, je pouvais me croire, non pas à la campagne, mais dans un immense village. Le campanile du couvent et les constructions basses du cloître servaient de repoussoir au premier plan. La nuit, au clair de la lune, c'était un tableau admirable. J'entendais sonner de près l'horloge, et j'eus quelque peine à m'y habituer pour dormir, mais peu à peu ce fut un plaisir pour moi d'être doucement réveillée par ce timbre mélancolique, et d'entendre au loin les rossignols reprendre bientôt après leur chant interrompu.

Mon mobilier se composait d'un lit en bois peint, d'une vieille commode, d'une chaise de paille, d'un méchant tapis de pied, et d'une petite harpe Louis XV, extrêmement jolie, qui avait brillé jadis entre les beaux bras de ma grand'mère, et dont je jouais un peu en chantant. J'avais la permission d'étudier cette harpe dans ma cellule; c'était un prétexte pour y passer tous les jours une heure en liberté, et, quoique je n'étudiasse pas du tout, cette heure de solitude et de rêverie me devint précieuse. Les moineaux, attirés par mon pain, entraient sans frayeur chez moi et venaient manger jusque sur mon lit. Quoique cette pauvre cellule fût un four en été, et littéralement une glacière en hiver (l'humidité des toits se gelant en stalactites à mon plafond disjoint), je l'ai aimée avec passion, et je me souviens d'en avoir ingénument baisé les murs en la quittant, tellement je m'y étais attachée. Je ne saurais dire quel monde de rêveries semblait lié pour moi à cette petite niche poudreuse et misérable. C'est là seulement que je me retrouvais et que je m'appartenais à moi-même. Le jour, je n'y pensais à rien; je regardais les nuages, les branches des arbres, le vol des hirondelles. La nuit, j'écoutais les rumeurs lointaines et confuses de la grande cité qui venaient comme un râle expirant se mêler aux bruits rustiques du faubourg. Dès que le jour paraissait, les bruits du couvent s'éveillaient et couvraient fièrement ces mourantes clameurs. Nos coqs se mettaient à chanter, nos cloches sonnaient matines; les merles du jardin répétaient à satiété leur phrase matinale; puis les voix monotones des religieuses psalmodiaient l'office et montaient jusqu'à moi à travers les couloirs et les mille fissures de la masure sonore. Les pourvoyeurs de la maison élevaient dans la cour, située en précipice au-dessous de moi, des voix rauques et rudes qui contrastaient avec celles des nonnes; et enfin l'appel strident de l'éveilleuse Marie-Josèphe courant de chambre en chambre, et faisant grincer les verrous des dortoirs, mettait fin à ma contemplation auditive.

Je dormais peu. Je n'ai jamais su dormir à point. Je n'en avais envie que quand il fallait songer à s'éveiller. Je rêvais à Nohant; c'était devenu dans ma pensée un paradis, et cependant je n'avais point de hâte d'y retourner, et quand ma grand'mère prononça que je n'aurais pas de vacances, parce que, ne devant pas rester de nombreuses années au couvent, il les fallait faire aussi complètes que possible pour mes études, je me soumis sans chagrin, tant je craignais de retrouver à Nohant les chagrins qui me l'avaient fait quitter sans regret.

Ces études, auxquelles ma bonne maman sacrifiait le plaisir de me voir, étaient à peu près nulles. Elle ne tenait qu'aux leçons d'agrément, et depuis que j'étais diable, je n'aimais plus à m'occuper. Cela m'ennuyait bien quelquefois, cette oisiveté errante, mais le moyen de s'en désabituer quand on s'y est laissé longtemps endormir!

Enfin vint le temps où une grande révolution devait s'opérer en moi. Je devins dévote : cela se fit tout d'un coup, comme une passion qui s'allume dans une âme ignorante de ses propres forces. J'avais épuisé pour ainsi dire la paresse et la complaisance envers mes diables, le mouvement, la rébellion muette et systématique contre la discipline. Le seul amour violent dont j'eusse vécu, l'amour filial, m'avait comme lassée et brisée. J'avais une sorte de culte pour madame Alicia, mais c'était un amour tranquille; il me fallait une passion ardente. J'avais quinze ans. Tous mes besoins étaient dans mon cœur, et mon cœur s'ennuyait, si l'on peut ainsi parler. Le sentiment de la personnalité ne s'éveillait pas en moi. Je n'avais pas cette sollicitude immodérée pour ma personne, que j'ai vue se développer à l'âge que j'avais alors chez presque toutes les jeunes filles que j'ai connues. Il me fallait aimer hors de moi, et je ne connaissais rien sur la terre que je pusse aimer de toutes mes forces.

Cependant je ne cherchai point Dieu. L'idéal religieux, et ce que les chrétiens appellent la grâce, vint me trouver et s'emparer de moi comme par surprise. Les sermons des nonnes et des maîtresses n'agirent aucunement sur moi. Madame Alicia elle-même ne m'influença point d'une manière sensible. Voici comment la chose arriva ; je la raconterai sans l'expliquer, car il y a dans ces soudaines transformations de notre esprit un mystère qu'il ne nous appartient pas toujours de pénétrer nous-mêmes.

Nous entendions tous les matins la messe, à sept heures ; nous retournions à l'église à quatre heures et nous y passions une demi-heure, consacrée pour les pieuses à la méditation, à la prière ou à quelque sainte lecture. Les autres bâillaient, sommeillaient ou chuchotaient quand la maîtresse n'avait pas les yeux sur elles. Par désœuvrement, je pris un livre qu'on m'avait donné et que je n'avais pas encore daigné ouvrir. Les feuillets étaient collés encore par l'enluminage de la tranche ; c'était un abrégé de la Vie des saints. J'ouvris au hasard. Je tombai sur la légende excentrique de saint Siméon le Stylite, dont Voltaire s'est beaucoup moqué, et qui ressemble à l'histoire d'un fakir indien plus qu'à celle d'un philosophe chrétien. Cette légende me fit sourire d'abord, puis son étrangeté me surprit, m'intéressa ; je la relus plus attentivement, et j'y trouvai plus de poésie que d'absurdité. Le lendemain je lus une autre histoire, et le surlendemain j'en dévorai plusieurs avec un vif intérêt. Les miracles me laissaient incrédule, mais la foi, le courage, le stoïcisme des confesseurs et des martyrs m'apparaissaient comme de grandes choses et répondaient à quelque fibre secrète qui commençait à vibrer en moi.

Il y avait au fond du chœur un superbe tableau du Titien que je n'ai jamais pu bien voir. Placé trop loin des regards et dans un coin privé de lumière, comme il était très-noir par lui-même, on ne distinguait que des masses d'une couleur chaude sur un fond obscur. Il représentait Jésus au jardin des Olives, au moment où il tombe défaillant dans les bras de l'ange. Le Sauveur était affaissé sur ses genoux, un de ses bras étendu sur ceux de l'ange qui soutenait sur sa poitrine cette belle tête éperdue et mourante. Ce tableau était placé vis-à-vis de moi, et à force de le regarder je l'avais deviné plutôt que compris. Il y avait un seul moment dans la journée où j'en saisissais à peu près les détails, c'était, en hiver, lorsque le soleil sur son déclin jetait un rayon sur la draperie rouge de l'ange et sur le bras nu et blanc du Christ. Le miroitement du vitrage rendait éblouissant ce moment fugitif, et à ce moment-là j'éprouvais toujours une émotion indéfinissable, même au temps où je n'étais pas dévote et où je ne pensais pas devoir jamais le devenir.

Tout en feuilletant la Vie des saints, mes regards se reportèrent plus souvent sur le tableau ; c'était en été, le soleil couchant ne l'illuminait plus à l'heure de notre prière, mais l'objet contemplé n'était plus aussi nécessaire à ma vue qu'à ma pensée. En interrogeant machinalement ces masses grandioses et confuses, je cherchais le sens de cette agonie du Christ, le secret de cette douleur volontaire si cuisante, et je commençais à y pressentir quelque chose de plus grand et de plus profond que ce qui m'avait été expliqué ; je devenais profondément triste moi-même, et comme navrée d'une pitié, d'une souffrance inconnues. Quelques larmes venaient au bord de ma paupière, je les essuyais furtivement, ayant honte d'être émue sans savoir pourquoi. Je n'aurais pas pu dire que c'était la beauté de la peinture, puisqu'on la voyait tout juste assez pour pouvoir dire que cela avait l'air de quelque chose de beau.

Un autre tableau, plus visible et moins digne d'être vu, représentait saint Augustin sous le figuier, avec le rayon miraculeux sur lequel était écrit le fameux *Tolle, lege*, ces mystérieuses paroles que le fils de

Monique crut entendre sortir du feuillage, et qui le décidèrent à ouvrir le livre divin des Évangiles. Je cherchai la Vie de saint Augustin, qui m'avait été vaguement racontée au couvent, où ce saint, patron de l'ordre, était en particulière vénération. Je me plus extraordinairement à cette histoire, qui porte avec elle un grand caractère de sincérité et d'enthousiasme. De là, je passai à celle de saint Paul, et le *cur me persequeris?* me fit une impression terrible. Le peu de latin que Deschartres m'avait appris me servait à comprendre une partie des offices, et je me mis à les écouter et à trouver dans les psaumes récités par les religieuses une poésie et une simplicité admirables. Enfin il se passa tout à coup huit jours où la religion catholique m'apparut comme une étude intéressante.

Le *Tolle, lege,* me décida enfin à ouvrir l'Évangile et à le relire attentivement. La première impression ne fut pas vive. Le livre divin n'avait point l'attrait de la nouveauté. Déjà j'en avais goûté le côté simple et admirable; mais ma grand'mère avait si bien conspiré pour me faire trouver les miracles ridicules, et elle m'avait tant répété les facéties de Voltaire sur l'esprit malin, transporté du corps d'un possédé à celui d'un troupeau de cochons, enfin elle m'avait si bien mise en garde contre l'entraînement, que je me défendis par habitude et restai froide en relisant l'agonie et la mort de Jésus.

CHAPITRE TREIZIÈME.

Le soir de ce même jour, je battais tristement le pavé des cloîtres, à la nuit tombante. On était au jardin, j'étais hors de la vue des surveillantes, en fraude comme toujours ; mais je ne songeais pas à faire d'espiègleries, et ne souhaitais point me trouver avec mes camarades. Je m'ennuyais. Il n'y avait plus rien à inventer en fait de diablerie. Je vis passer quelques religieuses et quelques pensionnaires qui allaient prier et méditer dans l'église isolément, comme c'était la coutume des plus ferventes aux heures de récréation. Je songeai bien à verser de l'encre dans le bénitier ; mais cela avait été fait : à pendre Whisky par la patte à la corde de la sonnette des cloîtres : c'était usé. Je m'avouai que mon existence désordonnée touchait à sa fin, qu'il me fallait entrer dans une nouvelle phase : mais laquelle? Devenir *sage* ou *bête ?* Les sages étaient trop froides, les bêtes trop lâches. Mais les dévotes, les ferventes, étaient-elles heureuses ? Non, elles avaient la dévotion sombre et comme malade. Les *diables* leur créaient mille contrariétés, mille indignations, mille colères mal rentrées. Leur vie était un supplice, une lutte entre le ridicule et le relâchement. D'ailleurs il en est de la foi comme de l'amour. Quand on la cherche, on ne la trouve pas, on la trouve au moment où l'on s'y attend le moins. Je ne savais pas cela, mais ce qui m'éloignait de la dévotion, c'était la crainte d'y arriver par un esprit de calcul, par un sentiment d'intérêt personnel.

« D'ailleurs n'a pas la foi qui veut, me disais-je. Je ne l'ai pas, je ne l'aurai jamais. J'ai fait aujourd'hui le dernier effort : j'ai lu le livre même, la vie et la doctrine du Rédempteur ! je suis restée calme. Mon cœur restera vide. »

En devisant ainsi avec moi-même, je regardais passer dans l'obscurité, comme des spectres, des ferventes qui s'en allaient furtivement répandre leurs âmes aux pieds de ce Dieu d'amour et de contrition. La curiosité me vint de savoir dans quelle attitude et avec quel recueillement elles priaient ainsi dans la solitude ; par exemple, une vieille locataire bossue qui s'en allait, toute petite et difforme, dans les ténèbres, plus semblable à une sorcière courant au sabbat qu'à une vierge sage ! « Voyons, me dis-je, comment ce petit monstre va se tordre sur son banc ! Cela fera rire les diables quand je leur en ferai la description. »

Je la suivis, je traversai avec elle la salle du chapitre, j'entrai dans l'église. On n'y allait point à ces heures-là sans permission, et c'est ce qui me décida à y aller. Je ne dérogeais point à ma dignité de diable en entrant là par contrebande. Il est assez curieux que la première fois que j'entrai de mon propre mouvement dans une église, ce fut pour faire acte d'indiscipline et de moquerie.

CHAPITRE QUATORZIÈME

Tolle, lege. — La lampe du sanctuaire. — Invasion
étrange du sentiment religieux.

A peine eus-je mis le pied dans l'église, que j'oubliai ma vieille bossue. Elle trotta et disparut comme un rat dans je ne sais quelle fente de la boiserie. Mes regards ne la suivirent pas. L'aspect de l'église pendant la nuit m'avait saisie et charmée. Cette église, ou plutôt cette chapelle, n'avait rien de remarquable qu'une propreté exquise. C'était un grand carré long, sans architecture, tout blanchi à neuf, et plus semblable, pour la simplicité, à un temple anglican qu'à une église catholique. Il y avait, comme je l'ai dit, quelques tableaux au fond du chœur ; l'autel, fort modeste, était orné de beaux flambeaux, de fleurs toujours fraîches et de jolies étoffes. La nef était divisée en trois parties : le chœur, où n'entraient que les prêtres et quelques personnes du dehors par permission spéciale, aux jours de fête [1] ; l'avant-chœur, où se tenaient les

[1] Quelquefois les mêmes prêtres qui officiaient, tantôt dans notre chapelle, tantôt dans celle des Écossais, amenaient

pensionnaires, les servantes et les locataires ; l'arrière-chœur ou le chœur des dames, où se tenaient les religieuses. Ce dernier sanctuaire était parqueté, ciré tous les matins, de même que les stalles des nonnes, qui suivaient en hémicycle la muraille du fond, et qui étaient en beau noyer brillant comme une glace. Une grille de fer à petites croisures, avec une porte semblable, qu'on ne fermait pourtant jamais, entre les religieuses et nous, séparaient ces deux nefs. De chaque côté de cette porte, de lourds piliers de bois cannelés d'un style rococo, soutenaient l'orgue et la tribune découverte, qui formait comme un jubé élevé entre les deux parties de l'église. Ainsi, contre l'usage, l'orgue se trouvait isolé et presque au centre du vaisseau, ce qui doublait la sonorité et l'effet des voix quand nous chantions des chœurs ou des motets aux grandes fêtes.

chez nous, pour servir la messe, quelque pieux élève, fier de remplir l'office d'enfant de chœur. Je me souviens d'avoir vu là plusieurs fois, sous la robe de pourpre et le blanc surplis, le frère d'une de nos plus belles compagnes, qui était aussi un des plus beaux garçons du collége voisin. C'était celui qu'on a appelé depuis dans le monde le *beau Dorsay*, et que je n'ai connu que peu de temps avant sa mort, alors que, plein de généreuse sollicitude pour les victimes politiques, jusque sur son lit d'agonie, il était le noble et courageux Dorsay. Sa sœur, la belle et bonne Ida Dorsay, était sortie du couvent lorsque j'y entrai, mais elle y venait souvent voir ses anciennes amies. Elle a épousé le comte de Guiche ; elle est aujourd'hui duchesse de Grammont.

Notre avant-chœur était pavé de sépultures, et sur les grandes dalles on lisait l'épitaphe des antiques doyennes du couvent, mortes avant la révolution ; plusieurs personnages ecclésiastiques et mêmes laïques du temps de Jacques Stuart, certains *Throckmorton*, entre autres, gisaient là sous nos pieds, et l'on disait que quand on allait dans l'église à minuit, tous ces morts soulevaient leurs dalles avec leurs têtes décharnées, et vous regardaient avec des yeux ardents pour vous demander des prières.

Pourtant, malgré l'obscurité qui régnait dans l'église, l'impression que j'y ressentis n'eut rien de lugubre. Elle n'était éclairée que par la petite lampe d'argent du sanctuaire, dont la flamme blanche se répétait dans les marbres polis du pavé, comme une étoile dans une eau immobile. Son reflet détachait quelques pâles étincelles sur les angles des cadres dorés, sur les flambeaux ciselés de l'autel et sur les lames d'or du tabernacle. La porte placée au fond de l'arrière-chœur était ouverte à cause de la chaleur, ainsi qu'une des grandes croisées qui donnaient sur le cimetière. Les parfums du chèvrefeuille et du jasmin couraient sur les ailes d'une fraîche brise. Une étoile perdue dans l'immensité était comme encadrée par le vitrage et semblait me regarder attentivement. Les oiseaux chantaient ; c'était un calme, un charme, un recueillement, un mystère, dont je n'avais jamais eu l'idée.

Je restai en contemplation sans songer à rien. Peu à peu les rares personnes éparses dans l'église se retirèrent doucement. Une religieuse agenouillée au fond de l'arrière-chœur resta la dernière, puis ayant assez médité, et voulant lire, elle traversa l'avant-chœur et vint allumer une petite bougie à la lampe du sanctuaire. Lorsque les religieuses entraient là, elles ne se bornaient pas à saluer en pliant le genou jusqu'à terre, elles se prosternaient littéralement devant l'autel, et restaient un instant comme écrasées, comme anéanties devant le Saint des saints. Celle qui vint en ce moment était grande et solennelle. Ce devait être madame Eugénie, madame Xavier ou madame Monique. Nous ne pouvions guère reconnaître ces dames à l'église, parce qu'elles n'y entraient que le voile baissé et la taille entièrement cachée sous un grand manteau d'étamine noire qui traînait derrière elles.

Ce costume grave, cette démarche lente et silencieuse, cette action simple mais gracieuse d'attirer à elle la lampe d'argent en élevant le bras pour en saisir l'anneau, le reflet que la lumière projeta sur sa grande silhouette noire lorsqu'elle fit remonter la lampe, sa longue et profonde prosternation sur le pavé avant de reprendre, dans le même silence et avec la même lenteur, le chemin de sa stalle, tout, jusqu'à l'incognito de cette religieuse qui ressemblait à un fantôme prêt à percer les dalles funéraires

CHAPITRE QUATORZIÈME.

pour rentrer dans sa couche de marbre, me causa une émotion mêlée de terreur et de ravissement. La poésie du saint lieu s'empara de mon imagination, et je restai encore après que la nonne eut fait sa lecture et se fut retirée.

L'heure s'avançait, la prière était sonnée, on allait fermer l'église. J'avais tout oublié. Je ne sais ce qui se passait en moi. Je respirais une atmosphère d'une suavité indicible, et je la respirais par l'âme plus encore que par les sens. Tout à coup je ne sais quel ébranlement se produisit dans tout mon être, un vertige passe devant mes yeux comme une lueur blanche dont je me sens enveloppée. Je crois entendre une voix murmurer à mon oreille : *Tolle, lege.* Je me retourne, croyant que c'est Marie Alicia qui me parle. J'étais seule.

Je ne me fis pas d'orgueilleuse illusion, je ne crus point à un miracle. Je me rendis fort bien compte de l'espèce d'hallucination où j'étais tombée. Je n'en fus ni enivrée ni effrayée. Je ne cherchai ni à l'augmenter ni à m'y soustraire. Seulement, je sentis que la foi s'emparait de moi, comme je l'avais souhaité, par le cœur. J'en fus si reconnaissante, si ravie, qu'un torrent de larmes inonda mon visage. Je sentis encore que j'aimais Dieu, que ma pensée embrassait et acceptait pleinement cet idéal de justice, de tendresse et de sainteté que je n'avais jamais révoqué en doute, mais avec lequel je ne m'étais jamais trouvée en communication directe ; je sentis enfin cette communication s'établir soudainement, comme si un obstacle invincible se fût abîmé entre le foyer d'ardeur infinie et le feu assoupi dans mon âme. Je voyais un chemin vaste, immense, sans bornes, s'ouvrir devant moi ; je brûlais de m'y élancer. Je n'étais plus retenue par aucun doute, par aucune froideur. La crainte d'avoir à me reprendre, à railler en moi-même au lendemain la fougue de cet entraînement ne me vint pas seulement à la pensée. J'étais de ceux qui vont sans regarder derrière eux, qui hésitent longtemps devant un certain Rubicon à passer, mais qui, en touchant la rive, ne voient déjà plus celle qu'ils viennent de quitter.

« Oui, oui, le voile est déchiré, me disais-je, je vois rayonner le ciel, j'irai ! Mais avant tout, rendons grâce !

» A qui ? comment ? Quel est ton nom ? disais-je encore au dieu inconnu qui m'appelait à lui. Comment te prierai-je ? Quel langage digne de toi et capable de te manifester mon amour mon âme pourra-t-elle te parler ? Je l'ignore ; mais n'importe, tu lis en moi ; tu vois bien que je t'aime. » Et mes larmes coulaient comme une pluie d'orage, mes sanglots brisaient ma poitrine, j'étais tombée derrière mon banc. J'arrosais littéralement le pavé de mes pleurs.

CHAPITRE QUATORZIÈME.

La sœur qui venait fermer l'église entendit gémir et pleurer; elle chercha, non sans frayeur, et vint à moi sans me reconnaître, sans que je la reconnusse moi-même sous son voile et dans les ténèbres. Je me levai vite, et sortis sans songer à la regarder ni à lui parler. Je remontai à tâtons dans ma cellule; c'était un voyage. La maison était si bien agencée en corridors et en escaliers, que pour aller de l'église à cette cellule, qui touchait à l'église même, il me fallait faire des détours et des circuits qui prenaient au moins cinq minutes en grimpant vite. Le dernier escalier tournant, quoique assez large et peu rapide, était si déjeté qu'il était impossible de le franchir sans précaution et sans bien se tenir à la corde qui servait de rampe; à la descente, il vous précipitait en avant malgré qu'on en eût.

On avait fait la prière sans moi à la classe; mais j'avais mieux prié que personne ce soir-là. Je m'endormis brisée de fatigue, mais dans un état de béatitude indicible. Le lendemain, *la comtesse,* qui, par hasard, avait remarqué mon absence de la prière, me demanda où j'avais passé la soirée. Je n'étais pas menteuse, et lui répondis sans hésiter : « *A l'église.* » Elle me regarda d'un air de doute, vit que je disais vrai et garda le silence. Je ne fus point punie; je ne sais quelles réflexions cette bizarrerie de ma part lui suggéra.

Je ne cherchai pas madame Alicia pour lui ouvrir mon cœur. Je ne fis aucune déclaration à mes amies les diables. Je ne me sentais pas pressée de divulguer le secret de mon bonheur. Je n'en avais pas la moindre honte. Je n'eus aucune espèce de combat à livrer contre ce que les dévots appellent le *respect humain :* mais j'étais comme avare de ma joie intérieure. J'attendais avec impatience l'heure de la méditation à l'église. J'avais encore dans l'oreille le *Tolle, lege!* de ma veillée d'extase. Il me tardait de relire le livre divin; et cependant je ne l'ouvris point. J'y rêvais, je le savais presque par cœur, je le contemplais pour ainsi dire en moi-même. Le côté miraculeux qui m'avait choquée ne m'occupa plus. Non-seulement je n'avais plus besoin d'examiner, mais je sentais comme du mépris pour l'examen; après l'émotion puissante que j'avais goûtée dans sa plénitude, je me disais qu'il eût fallu être folle, ou sottement ennemie de soi-même, pour chercher à analyser, à commenter, à discuter la source de pareilles délices.

A partir de ce jour, toute lutte cessa, ma dévotion eut tout le caractère d'une passion. Le cœur une fois pris, la raison fut mise à la porte avec résolution, avec une sorte de joie fanatique. J'acceptai tout, je crus à tout, sans combats, sans souffrance, sans regret, sans fausse honte. Rougir de ce qu'on adore, allons donc! Avoir besoin de l'assentiment d'autrui pour se donner sans réserve à ce qu'on sent parfait et chérissable de tous points! Je n'avais rien de plus excellent qu'une autre dans le caractère; mais je n'étais point lâche, je n'aurais pas pu l'être, l'eussé-je essayé.

FIN DU TOME SIXIÈME

ET DE LA TROISIÈME PARTIE.

TABLE
DU TOME SIXIÈME.

TROISIÈME PARTIE.
(*Suite.*)

CHAPITRE HUITIÈME.

Enseignement de l'histoire. — Je l'étudie comme un roman. — Je désapprends la musique avec un maître. — Premiers essais littéraires. — L'art et le sentiment. — Ma mère se moque de moi, et je renonce aux lettres. — Mon *grand roman inédit*. — *Corambé*. — Marie et Solange. — *Plaisir* le porcher. — Le fossé couvert. — Démogorgon. — Le temple mystérieux.................................... 1

CHAPITRE NEUVIÈME.

L'ambition de Liset. — Énergie et langueur de l'adolescence. — Les glaneuses. — Deschartres me rend communiste. — Il me dégoûte du latin. — Un orage pendant la fenaison. — La *bête*. — Histoire de l'enfant de chœur. — Les veillées des chanvreurs. — Les histoires du sacristain. — Les visions de mon frère. — Les beautés de l'hiver à la campagne. —

Association fraternelle des preneurs d'alouettes. — Le roman de Corambé se passe du nécessaire. — La première communion. — Les comédiens de passage. — La messe et l'Opéra. — Brigitte et Charles. — L'enfance ne passe pas pour tout le monde. . .   39

CHAPITRE DIXIÈME.

Récit d'une profonde douleur que tout le monde comprendra. — Mouvement de dépit. — Délation de mademoiselle Julie. — Pénitence et solitude. — Soirée d'automne à la porte d'une chaumière. — On me brise le cœur. — Je me roidis contre mon chagrin et deviens tout de bon un *enfant terrible*. — Je retrouve ma mère. — Déception. — J'entre au couvent des Anglaises. — Origine et aspect de ce monastère. — La supérieure. — Nouveau déchirement. — La mère Alippe. — Je commence à apprécier ma situation, et je prends mon parti. — Claustration absolue.   81

CHAPITRE ONZIÈME.

Description du couvent. — La petite classe. — Malheur et tristesse des enfants. — Mademoiselle D***, maîtresse de classe. — Mary Eyre. — La mère Alippe. — Les limbes. — Le signe de la croix. — Les *diables*, les *sages* et les *bêtes*. — Mary G***. — Les escapades. — Isabelle C***. — Ses compositions bizarres. — Sophie C***. — Le *secret du couvent*. — Recherches et expéditions pour la délivrance de la *victime*. — Les souterrains. — L'impasse mystérieuse. — Promenade sur les toits. — Accident burlesque. — Whisky et les sœurs converses. — Le froid. — Je passe *diable*. — Mes relations avec les sages et les bêtes. — Mes jours de sortie. — Grand orage contre moi. — Ma correspondance surprise. — Je passe à la grande classe. 117

CHAPITRE DOUZIÈME.

Louise et Valentine. — **La marquise de la Rochejaquelein.** — Ses Mémoires. — Son salon. — Pierre Riallo. — **Mes compagnes de la petite classe.** — Héléna. — Facéties et bel esprit du couvent. — **La comtesse et Jacquot.** — Sœur Françoise. — Madame Eugénie. — Combat singulier avec mademoiselle D***. — Le cabinet noir. — **La séquestration.** — Poulette. — Les nonnes. — Madame Monique. — Miss Fairbairns. — Madame Anne-Augustine et son ventre d'argent. — Madame Marie-Xavier. — Miss Hurst. — Madame Marie-Agnès. — Madame Anne-Joseph. — Les incapacités intellectuelles. — Madame Alicia. — Mon adoption. — Les conversations de l'avant-quart. — Sœur Thérèse. — La distillerie. — Les dames de chœur et les sœurs converses. 166

CHAPITRE TREIZIÈME.

Départ d'Isabelle pour la Suisse. — Amitié protectrice de Sophie pour moi. — Fannelly. — La liste des affections. — Anna. — Isabelle quitte le couvent. — Fannelly me console. — Retour sur le passé. — Précautions mal entendues des religieuses. — Je fais des vers. — J'écris mon premier roman. — Ma grand'mère revient à Paris. — M. Abraham. — Études sérieuses pour la présentation à la cour. — Je retombe dans mes chagrins de famille. — On me met en présence d'épouseurs. — Visites chez les vieilles comtesses. — On me donne une cellule. — Description de ma cellule. — Je commence à m'ennuyer de la *diablerie*. — La Vie des saints. — Saint Siméon le Stylite, saint Augustin, saint Paul. — Le Christ au jardin des Oliviers. — L'Évangile. — J'entre un soir dans l'église 215

CHAPITRE QUATORZIÈME.

Tolle, lege. — La lampe du sanctuaire. — Invasion étrange du sentiment religieux. 251

FIN DE LA TABLE.

www.ingramcontent.com/pod-product-compliance
Lightning Source LLC
Chambersburg PA
CBHW062231180426
43200CB00035B/1629